DIALOGUE

ダイアローグ・ディスクロージャー

DISCLOSURE

KAMを利用して「経営者の有価証券報告書」へとシフトする

竹村純也 著
TAKEMURA Junya

同文舘出版

はじめに

　本書は，経営者の視点を反映した財務報告への取り組みに限界を感じている経理パーソンに対して，全社一丸となった財務報告の取り組みを提案するものです。ここでいう財務報告とは，有価証券報告書の後半部分の財務諸表のみならず，その前半部分で財務諸表を補足する記述情報までを含んだ用語として使用しています。こうした提案を行う理由は，記述情報があまりにも弱いと指摘されているからです。

◎見積りの塊となった財務会計

　財務報告について，財務諸表のみでカバーできる時代は終わりました。貸借対照表や損益計算書を提示することだけでは，財務報告が完結できなくなっています。もちろん，これらに示された財務数値は今もなお一定の機能を果たしています。財務情報を用いない報告では，経営活動の状況や成果を伝えることが困難だからです。売上高や各種利益，資産や負債，純資産といった財務数値を報告しなければ，企業の規模や成長，資金の効率性といった情報を定量的に理解することができません。

　ただし，これらの財務数値が表す意味は，従来とは変化しています。その原因は，会計上の見積りが必要となる局面の増加です。財務会計のあらゆる項目において，経営者による見積りに基づく範囲が広がっているためです。例えば，のれんや固定資産の減損，繰延税金資産の回収可能性，収益認識の変動対価など，あらゆる財務数値に及んでいます。

　日本の開示制度は，こうした会計上の見積りに関する説明を十分には求めていませんでした。つまり，財務報告の利用者にとって，企業がどのように見積りを行ったのかがブラックボックスとなっていたのです。また，会計上の見積りと実績とが乖離することによって，企業の財政状態や経営成績に大きなインパクトを与えるようなサプライズが起こることも珍しくありません。

そのため，財務報告の利用者からは，会計上の見積りをどのように算定しているのか，見積りを行うにあたってキーとなる要因は何か，あるいは，見積りの不確実性はどの程度かなどの開示を求める声が強くなっていました。

実際，3月末決算の上場企業では，2020年3月期から有価証券報告書の記述情報を充実させる改正が適用されるようになりました。「経営者による財政状態，経営成績及びキャッシュ・フローの状況の分析」，いわゆる，MD&A（Management Discussion & Analysis）の記述に経営者の視点を反映することが求められます。

◎「経理部門による有価証券報告書」という現状

金融審議会のディスクロージャーワーキング・グループの報告では，有価証券報告書の作成に経営者が十分に関与していないと指摘されています。また，公益社団法人日本監査役協会の調査では，有価証券報告書の公表を取締役会の決議事項としていない上場企業が半数近く存在していることが判明しています。これらから，有価証券報告書の作成は経営者以外の者や部門が主体的になっているといえます。

有価証券報告書のメインとなる情報が財務諸表であることから，経理部門が旗振り役を担っている企業も少なくはないと推測されます。そのため，有価証券報告書の記述情報は，経理部門が財務諸表を作成した後に検討していると考えられます。もっとも経理部門に限らず，総務部門や経営企画部門と協業していることもあるでしょう。いずれにせよ，経営者や事業部門が有価証券報告書の作成の初期段階から主体的に関与していることは少ないのではないでしょうか。

経理部門を中心とした管理部門が記述情報を作成するとなると，知り得る情報量が限られる場合があるため，財務諸表の数値をそのまま言葉にするしかありません。前期からいくらの増加があった，減少があったという事実しか記述することができません。経営者の視点を反映することが求められていながらも，それを反映することに限界があるのです。規律の世界で生きてい

る管理部門の者が，かえって開示規則を遵守できない状況となりかねないのです。

　こうした状況で作成される有価証券報告書は，財務報告の利用者にとって魅力のある情報にはなりません。経営者の視点が反映されず，財務諸表を見れば理解できる記述で埋まっている状態では，読み手の期待に応えていないからです。これでは開示を行っていても，投資家との対話につなげられません。企業について理解されない結果，投資マネーが流れ込まなくなるため，有価証券報告書の作成労力が企業価値の向上に寄与できなくなるのです。

◎求められているのは「経営者の有価証券報告書」

　有価証券報告書の開示事例を分析していくと，記述情報に経営者の視点を反映している上場企業も確かに存在しています。記述情報の充実を求める改正が行われる十何年も前から，投資家との対話を促す開示を行っている企業があるのです。

　これまで「経理部門の有価証券報告書」を作成していた企業が，投資家との対話を促す開示が行えるようになると，経理をはじめとした管理部門の者は，開示規則を遵守することが可能となります。「経営者の有価証券報告書」へとシフトできるのです。経営者の視点が反映された記述情報の開示を通じて投資家との対話がより充実し，また，それによりフィードバックが得られやすくなります。これは，有価証券報告書の作成が企業価値の向上に貢献できることを意味します。

◎会計上の見積りの記述を充実させる

　投資家との対話を生み出すために，経理部門は会計上の見積りに関する記述情報を充実させていくことから取り組みを始めていく方法が考えられます。これを突破口として「経営者の有価証券報告書」へとシフトしていくのです。というのも，経理部門は，財務諸表における確定した財務数値だけではなく，会計上の見積りに関する財務数値とその算定過程からも経営活動の実態に迫

ることができるからです。

　例えば，のれんの減損を考えてみます。経理部門は決算にあたって，のれんの減損の要否を検討していきます。このときに，当期末までの売上高や利益，累積損益などの実績を最初に知る立場にあります。財務数値の実績から，のれんの減損が必要となる可能性がある事業が何かをいち早く知ることができるのです。そのため，経営者や関連する事業部門に対してアラートを発することができます。

　また，経理部門は，のれんが関連する事業部門を通じ，将来の計画や現状の対応などを知る立場にあります。こうした将来の見通しには，その事業に対する経営者の考えが色濃く反映されます。その事業に対してポジティブなのかネガティブなのか，どう戦略や戦術を打っていこうとしているのか，継続するのか撤退するのかなど，会計上の見積りには，将来に関する経営者の見方がダイレクトに反映されています。

　ところが，会計上の見積りに基づく財務数値は財務諸表に計上されるものの，一部の財務諸表の注記を除き，見積りの過程まで開示されることはありません。財務報告の利用者は，経営者の将来の見通しが色濃く反映された財務数値の結果は知り得ても，その過程までは知り得ないのです。そこで，有価証券報告書の記述情報を充実させる改正では，会計上の見積りに関する記述が新たに求められています。

　こうした会計上の見積りに関する記述情報は，経理部門がリーダーシップを発揮していく分野です。この充実を通じて，投資家との対話をより促進させていく役割を担っていくべきです。会計上の見積りに関する記述を，他の記述情報に先駆けてでも充実させていくことによって，企業価値の向上に寄与する有価証券報告書へとシフトさせていくのです。

◎外圧としてKAMを利用する

　これまでは「経理部門の有価証券報告書」だったものを，「経営者の有価証券報告書」へとシフトさせるには，然るべきタイミングが必要です。前年

の財務報告を踏襲することに懸念が生じる事態となることによって，変化を起こしやすくなります。

このときに利用したいのが，監査上の主要な検討事項（KAM）です。KAMとは，これまでの監査報告書が定型の文章で記載されていたところ，今後は監査人が財務諸表監査の重要なプロセスをフリースタイルで記述していくものです。このKAMには，会計上の見積りに関する項目が選ばれやすいことが知られています。そこで，会計上の見積りに関するKAMを外圧として利用することによって，会計上の見積りの記述情報を充実させていくのです。

◎ディスクロージャー委員会による対応

会計上の見積りに関する項目は，それに関連する部門やグループ企業が広範囲に及びます。そのため，組織横断的な対応が不可欠です。そこで本書では，それを実現するための組織体として，ディスクロージャー委員会の設置を提案しています。

もちろん，ディスクロージャー委員会を設置していないからといって，組織横断的な対応ができないわけではありません。実際に，ディスクロージャー委員会がない状態でも，コミュニケーション能力を発揮して「経営者の有価証券報告書」を実践している企業もあるでしょう。

しかし，今までと同じことをしていながら，今までと違う結果を求めることはナンセンスです。また，運用だけでカバーしていくと持続可能性が得られません。そこで，組織体を構築し，かつ，運用していく体制が求められます。なお，ディスクロージャー委員会の設置は，一般社団法人日本経済団体連合会による「企業行動憲章」への対応にもなります。

◎本書の構成

企業が，監査人のKAMを利用して，有価証券報告書の記述情報を充実させていくことを提案する本書の構成は，次のとおりです。

第1章「『経理部門の有価証券報告書』からの脱却」では，記述情報の現

状に対する不満やその原因を解説していきます。ここに挙げた内容にいくつ該当するかによって，有価証券報告書の記述レベルを推し量ることができます。冒頭に掲載したショートストーリーは，その簡易なチェックリストとしても活用できます。

第2章「企業側が知っておくべきKAM制度」では，監査人によるKAMについて，記述情報を充実させる観点から，企業が理解しておくべき制度内容をまとめています。海外事情も含めてKAMの概況を理解することができます。

第3章「KAMの海外事例の活用術」では，世界で最もKAMの実務が積み重ねられているイギリスを対象として，KAMの記載例を紹介していきます。のれんの減損，繰延税金資産の回収可能性，不確実な税務ポジション，退職給付関連，収益認識の変動対価・正確性・不正リスク，企業結合における取得，ITシステムについて，FTSE100銘柄の企業から2018年12月期を中心とした直近の事業年度に関するKAMの仮訳を掲載しました。これらによって，どのような場合にこれらのKAMに該当しやすいか，また，企業としてどのような対応が必要になるかについて備えられるようになります。

第4章「従来以上の情報開示を求める制度開示」では，KAMにおける未公表情報の取扱いを紹介したうえで，財務諸表の注記として会計上の見積りの開示を求める会計基準や，有価証券報告書の記述情報として会計上の見積りの開示を求める開示規制の改正を説明していきます。これらによって会計上の見積りに関する周辺制度の動向を把握することができます。

第5章「効果的な情報開示はここが違う」では，有価証券報告書の記述情報について日本企業のベストプラクティスを紹介するとともに，それらのポイントを解説していきます。会計上の見積りに関する7つの事例から，自社における記述情報のあり方についてヒントが得られます。

第6章「ディスクロージャー委員会に挑め」では，全社一丸財務報告を実現するために，ディスクロージャー委員会の設置を提案します。ディスクロージャー委員会の目的や活動内容，構成メンバーなどを解説していきます。また，ディスクロージャー委員会が，KAMを利用しながら記述情報の充実

を図っていくための過程を「ダイアローグ・ディスクロージャー・ジャーニー」として整理しています。4つのフェーズごとに3つのステップで実施内容をまとめているため，記述情報の作成やKAMへの対応について一連の流れを理解することができます。もちろん，ディスクロージャー委員会を設置していない場合であっても，同じように活用することができます。

◎経営者の視点を反映した財務報告へ

　証券取引所において自社の株式を金融商品として売買できる状態を選択している以上，自社の状況を利用者が求める形で説明していく姿勢が不可欠です。有価証券報告書において，財務諸表だけではなく，充実した記述情報が補足説明として開示されていると，投資家との対話がより促進すると期待されます。したがって，金融商品として責任を果たすためにも，また，投資家との対話を効果的に行うためにも，有価証券報告書の記述情報は充実させるべきものです。

　これを承知のうえで記述情報に経営者の視点を反映しないことを選択している場合には，経営者自らが，マネーが流れ込まない状況を生み出しているといえます。それが，企業価値の向上が思い通りに進まない状態を招いているとしても仕方がないことです。経営者が自ら好んで選んだ道とあきらめるしかありません。

　しかしながら，単に無知によって，有価証券報告書の記述情報に経営者の視点を反映することを経営者自身が認識していない，あるいは，有価証券報告書の作成を担当する者がその重要性を理解していない場合には，知らずに選択していた行動の結果は決して望んで得たものではないでしょう。また，こうした無知を原因として金融市場でマネーが最適に流れない状態を作ることは，投資家としても好まないはずです。どの企業も経営者の視点が十分かつ適切に反映された記述情報を開示した状態でなければ，マネーはより良く流れていくことができません。

　だからこそ，ディスクロージャーワーキング・グループの報告をはじめと

して，有価証券報告書の開示の充実が求められているのです。別の視点でみると，ほんの少しの工夫によって，他社との大きな差別化につながる可能性があるのです。記述情報をほんのちょっと充実させることで，投資家の理解が進み，かつ，対話が促進されることで，金融市場におけるマネーの流れが変わるからです。その結果，ひとりでも多くの人が経済的な豊かさを得られるのなら，換言すれば，経済的に悲惨な状態にいる人をひとりでも少なくすることができるのなら，その有価証券報告書による開示は社会的に大きな意義を持ちます。それによって救われる感情，救われる生活，救われる命があるのです。経営者が自身の考えを反映するツールとして有価証券報告書を活用していく事例が1社でも増えていくことによって，日本経済，あるいは，世界経済においてマネーがより良く流れていくならば，社会的に意義のある未来が出現するものと確信しています。

　そのためには，経営者をはじめとした企業の方々の意識を変革する必要があります。KAMが導入されるタイミングが，企業グループの多くの人たちを財務報告に巻き込むための良いチャンスです。このタイミングを逃すことなく，「経理部門の有価証券報告書」から「経営者の有価証券報告書」へとパラダイムシフトを果たしましょう。

　では最初の一歩として，第1章の冒頭のページを開いて，わずか1ページのショートストーリーをご覧ください。

2020年3月

竹村純也

本書のうち意見にわたる部分は筆者の私見です。
また，筆者が所属するいかなる団体の公式見解ではありません。

目　次

第3章　KAMの海外事例の活用術

第5章　効果的な情報開示はここが違う

略語一覧

略語	正式名称（英語）	正式名称（日本語）
ASBJ	Accounting Standards Board of Japan	企業会計基準委員会
CAM	Critical Audit Matters	監査上の重要な事項
FRC	Financial Reporting Council	財務報告評議会（イギリス）
IAASB	International Auditing and Assurance Standards Board	国際監査・保証基準審議会
IAS	International Accounting Standards	国際会計基準
IASB	International Accounting Standards Board	国際会計基準審議会
IFRS	International Financial Reporting Standards	国際財務報告基準
JICPA	Japanese Institute of Certified Public Accountants	日本公認会計士協会
KAM	Key Audit Matters	監査上の主要な検討事項
MD&A	Management Discussion & Analysis	経営者による財政状態，経営成績及びキャッシュ・フローの状況の分析
PBO	Projected Benefit Obligation	予測給付債務
PIEs	Public Interest Entities	社会的影響度の高い事業体
SEC	Securities and Exchange Commission	証券取引委員会（アメリカ）

ダイアローグ・ディスクロージャー

―KAMを利用して「経営者の有価証券報告書」へとシフトする―

第 **1** 章

「経理部門の有価証券報告書」からの脱却

経理部

「決算発表も計算書類も一段落したから，あとは有価証券報告書だな」

「はい，部長」

「財務諸表以外の部分は進んでいるのか。まあ，有報の前半部分は，基本的に前期の記載を踏襲するだけだからな」

「部長，それについてご相談があるのですが。2019年1月に開示府令が改正されたようでして」

「それがどうした」

「有報の前半部分の箇所について，従来よりも詳細に記述する必要があります。きっちりと制度対応するためには，関連する部門に今から記載内容を見直してもらったほうが良いのではないでしょうか」

「このタイミングで何を言い出すんだ。今から見直したところで十分に検討できる時間はとれない。結果，おかしな記述になっては困る。前期の記載から少しでも変わっているなら，対応できていると言えるだろう」

「ただ，それでは制度改正に対応できていません。関連する部門に動いてもらわないと」

「来週には取締役会での報告を控えているんだぞ。君は有報の開示を遅らせるつもりか。一体，社長に何と説明するのだ」

「いや，しかし」

「社長の承認をもらわないと有報は公表できないんだ。毎年のことだから，君もわかっているだろう。当たり障りのない記載でいいんだよ。今から余計なことをして面倒なことにでもなったらどうするんだ」

「それだと，今回の改正の趣旨が」

「数字が固まれば，経理の仕事は終わったようなものだ。財務諸表が出来ているのだから，あとは数字の増減を文章にするだけだろう。そんなに心配なら，記載例や他社事例を真似して君が手直ししたらどうだ」

「経理だけが頑張っても限界が……」

「だから君は，まだまだなんだよ。組織に喧嘩を売るような真似はやめて，早く仕事に戻りたまえ」

1. 企業の財務報告に対する不満の声

（1）金融審議会ディスクロージャーワーキング・グループ

　今，紹介した話は，想像に基づき描写したものです。もちろん，登場人物はまったくの架空です。執筆の時点から将来の出来事を描いているため，実在するものとは一切関係がありません。

　しかしながら，架空のストーリーを作るにあたって，根拠としたものがありました。それは，金融審議会ディスクロージャーワーキング・グループの議事録です。

　そもそも，金融審議会とは，金融庁の設置やその任務などを規定する金融庁設置法に基づき設置された組織体です。その事務として，金融庁設置法の第7条第1項には「内閣総理大臣，長官又は財務大臣の諮問に応じて国内金融に関する制度等の改善に関する事項その他の国内金融等に関する重要事項を調査審議すること」と規定されています。この規定に基づき，2017年11月16日付で金融担当大臣から金融審議会に対して諮問がありました。その中に，「企業情報の開示・提供のあり方に関する検討」が含まれていました。投資家の投資判断に必要な情報を十分かつ適時にわかりやすく提供することや，建設的な対話に資する情報開示を促進していくため，企業情報の開示および提供のあり方について検討を行うよう求められたのです。

　この諮問を受けて検討している部隊が，金融審議会ディスクロージャーワーキング・グループです。メンバーは，東京証券取引所や一般社団法人日本経済団体連合会，日本公認会計士協会，弁護士，金融機関，大学の研究者，上場企業などで構成されています。さらにオブザーバーとして，法務省，財務省，経済産業省が名を連ねています。このように，財務報告に関連する関係者が多方面から集まって議論されました。

（2）財務報告の利用者からの指摘

　ディスクロージャーワーキング・グループは，2015（平成27）年度と2017（平成29）年度に活動を行っています。最初の活動成果として2016年4月に，「ディスクロージャーワーキング・グループ報告─建設的な対話の促進に向けて─」を公表しました。これを受けて，2017年2月に「企業内容等の開示に関する内閣府令」の改正が公布・施行されています。

　その改正内容の1つに，有価証券報告書における「経営者による財政状態，経営成績及びキャッシュ・フローの状況の分析」について，経営者の視点で記載することが求められました。いわゆる，MD&A（Management Discussion & Analysis）の開示です。

　この改正の一部が2017年3月期にかかる有価証券報告書から適用となったものの，開示状況に期待したような改善は見られませんでした。それが問題視されたことから，2017年度のディスクロージャーワーキング・グループで対応が議論されます。2018年6月に公表された「ディスクロージャーワーキング・グループ報告─資本市場における好循環の実現に向けて─」では，MD&Aの開示について，次の問題意識を持っていることが示されています。

- 計数情報をそのまま記述しただけの記載が多い。
- ボイラープレート化した記載が多い。

　この他にも，当時の議事録には，財務諸表の内容がそのまま言葉になっているだけであれば有価証券報告書に記載する必要はない旨の意見まで記載されています。

　このように，財務諸表を補足するような企業の固有の情報が記載されず，また，どの企業もテンプレート化した文章で記載しているような開示では，投資家をはじめとする財務報告の利用者が知りたい内容になっているとはいえません。

（3）利用者が知りたい経営活動のストーリー

　財務報告の利用者が有価証券報告書で知りたい内容とは，企業価値の向上に関する説明です。有価証券報告書では，経営方針，経営環境，対処すべき課題，事業等のリスク，MD&A，コーポレート・ガバナンス，役員の報酬などを説明します。これらはすべて企業価値の向上を軸にして記載することが求められています。

　経営者はビジネスをどこに向かわせようとしているのか，ビジネスを取り巻くマクロ環境やミクロ環境は追い風か向かい風か，それを遂行していくにあたって乗り越えるべき事項は何か，そのビジネスにおける重要なリスクは何か，1年間経営してきた実績に対して経営者はどう評価しているのか，そうしたビジネスを推進し統率していく体制はどう構築しているか。このように，経営者がどうビジネスを行ってきたかの結果として，いくらの報酬を受け取ったのかを説明します。こうした1年間の業務執行の状況を開示することによって，経営者は株主や投資家から評価を受けるのです。

　このような経営活動のストーリーを語る流れで，有価証券報告書に記載する項目が構成されています。それは，企業価値の向上に関連して説明することが求められます。決して，それぞれの記載項目をぶつ切りに説明するものではありません。

　経営活動に関連付けたストーリーを語るためには，経営者の視点が不可欠です。つまり，有価証券報告書は経営者の十分な関与なしには作成できないのです。したがって，経営者の視点のない有価証券報告書では，利用者にとって利用価値が低くなります。それは，相応の人と時間を投入しているにもかかわらず，読まれない資料を作成していることを意味します。そのような作成コストを毎年費やしていることに，果たして，合理性や正当性はあるのでしょうか。

2. 推測される財務報告の現状

（1） 報告先が経営者

　有価証券報告書は，投資者の保護を図るために財務局に提出が求められる書類です。想定している利用者は，保護対象である投資者です。ここでいう投資者とは，機関投資家や一般投資者など，投資を行う者の総称です。いわゆる，投資家です。したがって，有価証券報告書で開示される内容は，投資家を対象とする必要があります。

　しかし，経営者が有価証券報告書の作成に関与しない場合には，まず経営者以外の者が有価証券報告書のドラフトを作成し，次に経営者がそれを承認する構図となります。経営者が投資家に説明する場合にはワンステップであるところ，経営者が有価証券報告書の作成に携わらない結果，作成者から経営者へ，経営者から投資家へというツーステップに変わります。すると，本来は投資家に対する経営者の説明資料であるはずの有価証券報告書が，経営者に対する作成者の説明資料へと成り下がってしまいかねません。

　経営者の承認を得ることが社内的なゴールとなると，有価証券報告書の作成者は経営者を意識した内容で作成する状況が考えられます。有価証券報告書が投資家をはじめとした財務報告の利用者に向けて開示するものであることは承知していながらも，社内承認に意識が向く結果，想定する読者が経営者となってしまうのです。

　そのため，作成者が経営者と企業の状況を共有しているがゆえに，企業外部から見ると説明が不足することがあるでしょう。また，作成者が経営者の意向を必要以上に配慮する結果，必要最低限の開示にとどめる可能性もあります。さらに，作成者が前期に承認を得た内容を超えた開示を試みようと考えたとしても，その必要性を経営者や関係部署から厳しく問われることを嫌う結果，従前と変わらぬ開示を選択することもあるかもしれません。

このように，投資家の理解を深めることよりも，経営者の承認を得ることのほうが重視される原因は，経営者が有価証券報告書を承認する構図にあると考えられます。

(2) 財務諸表で完結できるとの認識

経営者が有価証券報告書の作成に十分に関与しない場合には，誰かが経営者の代わりに有価証券報告書を作成しなければなりません。その主体として経理部門が考えられます。

実際には，経理部門のみならず，総務や経営企画などの機能を果たす部門とともに分担して作成しているでしょう。なぜなら，経理部門では取り扱っていない情報も必要だからです。しかしながら，有価証券報告書が「財務」の状況を報告する情報であるという性質を踏まえると，中心的な情報は財務諸表です。よって，財務諸表を作成する経理部門が，財務報告を象徴する部門といえます。

財務諸表だけを外部に公表するのであれば，会計に関する専門性が必要なため，まず経理部門が作成し，次に経営者がそれを承認するという構図でも問題はないでしょう。財務諸表を掲載した「経理の状況」が大きな位置づけであった頃の有価証券報告書では，有価証券報告書は経理部門が作成することが適当だとする認識で支障がありませんでした。「経理部門の有価証券報告書」がまかり通っていたのです。

しかし，今の有価証券報告書は，財務諸表だけ，あるいは，財務諸表に関連する数値だけでは完結できません。「経理の状況」以外の非財務情報や記述情報の重要度が高まっているからです。金融審議会にディスクロージャーワーキング・グループが設置されるほどに，「経理の状況」に掲げられた財務諸表を補足するための説明が強く求められているのです。いわば，「経営者の有価証券報告書」です。これまでのような「経理部門の有価証券報告書」を開示していては，投資家から相手にされなくなります。

（3）経営者の関与が最終段階のみ

　現状の財務報告が，「経営者の有価証券報告書」ではなく，「経理部門の有価証券報告書」にとどまっていることについて，ディスクロージャーワーキング・グループから問題視されています。経営者が有価証券報告書の開示にどこまで関与しているか，換言すれば，経営者が関与していながらこの開示なのかと問われているのです。

　その審議の過程では，有価証券報告書の内容について取締役会で実質的な審議が行われ，かつ，その確定に関する決議まで行っている例が少ないとの指摘がありました。経営者が企業の状況をどう認識しているかの情報開示が求められている中で，有価証券報告書に関与していないのではないか，また，関与しているとしても最終段階しか関与していないのではないかとの懸念が持たれていることがうかがえます。

　有価証券報告書の取締役会への付議状況について，公益社団法人日本監査役協会ではアンケート調査を行っています。「役員等の構成の変化などに関する第19回インターネット・アンケート集計結果（監査役（会）設置会社版）」によれば，2018年における有価証券報告書の取締役会への付議状況は，回答のあった上場企業1,477社では次のとおりでした。

- 決議事項として付議されている　　58.8%
- 報告事項として付議されている　　18.9%
- 付議されていない　　　　　　　　22.3%

　このアンケート調査では，「何らかの形で取締役会に付議している会社が多数を占めている状況」にあるとコメントされています。とはいえ，決議事項として付議されていたとしても，どういった深度の審議なのかは各社各様でしょう。その決議で開示の最終承認だけを行っている場合には，記述の細かな指摘にとどまっている可能性も否定できません。それでは，有価証券報告書で企業価値の向上に関するストーリーを語ることに経営者が関与してい

るとはいえません。取締役会に付議されていない状態ではなおさらです。

　また，取締役会で有価証券報告書の最終承認を行っているだけでは，十分な関与だとは認められません。ディスクロージャーワーキング・グループの報告のあらゆる局面で求められているとおり，早期から経営者がその作成に関与すべきです。何を開示するか，どう記述していくかについて，あらかじめ検討を行っているからこそ，企業価値の向上に関連付けた開示項目や記述内容となっているかどうかを審議できるからです。

（4）財務報告よりも会計処理を重視する意識

　経理部門が財務報告の機能を担うときには，財務報告を部門のゴールとしているかどうかが問われます。決算作業において財務数値を確定させることに意識が向いていると，会計処理をどう行うかにばかり注力してしまいます。もちろん，それ自体は経理部門に課せられた仕事のため，否定されるものではありません。むしろ，会計処理が適切に行われなければ財務報告に至ることができないことから，重要なプロセスを構成しています。

　しかし，会計処理は財務諸表を作成するプロセスの1つであって，そのすべてではありません。また，財務諸表は財務報告に含まれる要素の1つです。過去の実績を財務諸表で示し，かつ，実績の分析や将来の見通しといった経営者の認識を記述情報として示したものが，財務報告です。こうした財務報告を実践していくためには，経理部門が知り得る情報だけでは限界があります。企業の規模が小さい場合やビジネスがシンプルな場合などで管理担当の取締役が経理部長を兼務している状況を除けば，経理部門が経営者の視点を盛り込んだ記述情報を作成していくことは困難です。

　その結果，財務諸表の数値の増減を言葉にしただけの記述情報となってしまいます。例えば，「固定資産が〇百万円増加した」というように，財務諸表を見ればわかるような情報を記述したものです。その設備投資がなぜ必要なのか，どのような成果を期待したものか，計画したとおりに投資が進行しているのか，想定していなかった事象や状況によって投資回収に影響が及ん

でいないかなどの経営者の視点が反映されていないのです。財務諸表を補足する情報がなければ，あえて追加的に開示する必要性はありません。そういう記述情報を記載する意味がないのです。だから，読まれない有価証券報告書に成り下がってしまうのです。

（5）記載例等の過度な重視

　経営者が有価証券報告書の作成に関与せず，また，作成部門には経営者の視点での作成に限界がある場合に想定される状況が，記載例等を過度に重視する姿勢です。経営者の視点で記述情報を記載しようにも，盛り込むべき情報が得られない状態では，自力で記述情報を作成することができません。そこで依拠しようとするものが，記載例や他社事例です。

　どのように記述情報を作成すべきかの趣旨を理解することや，どのように作成されているかの実態を調査することを通じて自社の財務報告に活用していく姿勢であるなら，記載例等を参考にすることに問題はありません。投資家に自社のことをより深く理解してもらうための学習は推奨されるべきものです。

　しかし，記載例や他社事例を真似するために収集する姿勢は問題です。そこに企業固有の記述が盛り込まれないからです。他社事例を調査した際に，記載のボリュームが多いものや記載内容に深みがあるものに対して尻込みしているようでは本末転倒です。それでは，お手軽に真似するための情報収集となってしまいます。作成の手間を軽減する結果，経営者の視点が反映されなくなっては意味がありません。

　こうした姿勢では，どの企業も同じような記載内容，いわば，ボイラープレート化を招いてしまいます。企業の固有の情報が盛り込まれない一般的な記述や定型句ばかりが並んでいる状態です。これは，読まれない有価証券報告書の典型例です。

3. 財務報告は金融行政の波に乗れ

(1) 攻めのガバナンス

　企業の財務報告は，今，変わることが求められています。「経理部門の有価証券報告書」から「経営者の有価証券報告書」へシフトしなければ，投資家に読まれなくなってしまいます。経営者の想いが届かなくなるのです。

　では，「経営者の有価証券報告書」へシフトするためには，どうすればよいのでしょうか。ここで，企業の財務報告に関する政策を推進していく金融行政の視点に立ち戻ってみましょう。開示制度全体として金融行政が何を目指しているのかを理解しておくのです。

　日本の金融行政のゴールは，一言で言うと「攻めのガバナンス」です。今，企業にはコーポレートガバナンス・コードが導入され，また，機関投資家にはスチュワードシップ・コードが導入されています。こうした制度導入の現象だけを見ると，遵守すべき規制が次々と課せられる結果，対応の負担感が増していく印象があるかもしれません。しかし，これらのコードの導入は，何かしらの規制やルールを遵守していく意味がありながらも，それ以上にマネーの流れを最適化することで日本経済を活性化させる目的があります。日本として最適なマネーの流れを実現するために，これらのコードが導入されているのです。

　マネーの大きな流れとしては，家計，機関投資家，企業の順に循環していきます。家計は安定的に資産を形成するために，機関投資家に資金を託します。家計から資金を預かった機関投資家は，企業を選別したうえで投資を行います。企業は機関投資家からの資金調達によって業績アップや企業価値の向上を図っていきます。これを受けて家計はキャピタル・ゲインやインカム・ゲインを得られるのです。家計に流れ込んだマネーの増加は，さらに大きな金額となって機関投資家へと循環していきます。

こうした日本における資産運用の各プレイヤーが正常に行動できるように，金融行政はそれぞれのガバナンスを重視しています。資産運用先として適格となるような，自律性のある体制すなわち「攻めのガバナンス」を求めているのです。

図表1-1 ◆攻めのガバナンスの構造

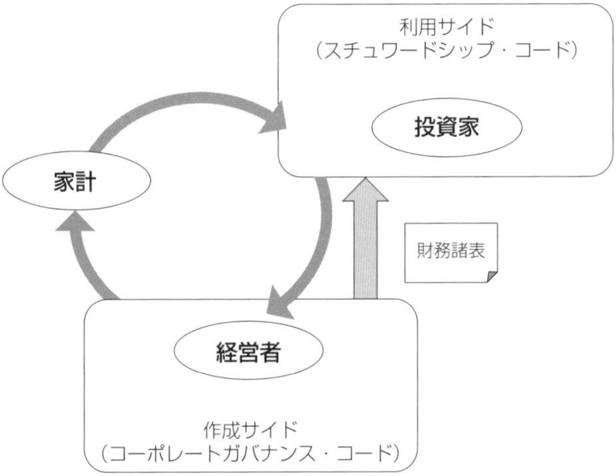

出所：筆者作成

(2) 投資判断のための情報提供

　攻めのガバナンスを通じて金融行政が実現したいことは，日本として最適なマネーの流れでした。そのマネーの流れで重要なポイントとなるのは，機関投資家から企業へと流れ込む局面です。機関投資家が家計から預かったマネーを適切に投資していくためには，それが可能となるような情報を企業が提供する必要があります。上場企業を想定した場合に，その情報提供として重要な位置づけとなっている書類が，有価証券報告書です。

　有価証券報告書は，機関投資家から「最後の砦」と呼ばれることがあるように，最も重要な開示書類として認識されています。機関投資家は有価証券

報告書に記載された情報に基づき分析をし，また，企業と対話をすることによって，投資先を選んでいきます。つまり，有価証券報告書で提供した情報によって投資先として選ばれるかどうかが左右されるのです。ここがマネーの流れを生み出すか，また，大きくマネーを生み出せるかのポイントとなります。

このときに求められるのは，企業による適切な情報開示です。仮に会計不正が生じた場合には，いかに自律して対応できるかのガバナンス体制が問われます。また，不正が生じていない場合であっても，適切な情報を生成し，かつ，適切に開示するためのガバナンス体制も同じように問われます。投資判断のための情報提供を適切に行っていくための，自律性のある体制こそが攻めのガバナンスなのです。

一方，株式投資を通じて企業を所有している機関投資家にも自律性のある体制，すなわち，攻めのガバナンスが求められています。それは，投資家としての正常な行動を求めるスチュワードシップ・コードにも表れています。指針3-3では，投資先の状況を的確に把握する内容として，真っ先に，「投資先企業のガバナンス」が挙げられています。これを把握しなければ，対話や議決権行使などを通じた企業価値の向上を働きかけることもできなければ，マネーの委託者に対して適切に報告することもできないからです。こうしたスチュワードシップへの意識の高まりが，企業が適切な情報を開示する動きを後押ししています。それが，日本でマネーを最適に循環させていくために重要となってくるのです。

（3）対話とフィードバックの向上

企業はコーポレートガバナンス・コードに，また，機関投資家はスチュワードシップ・コードに則って，日本における最適なマネーの流れを生み出していくと説明しました。具体的には，企業の情報開示をきっかけとして，企業と投資家とが対話を行い，また，その対話からのフィードバックを受けて，業績や企業価値を向上させていく循環となります。

ここでいう対話とは，株主総会における対話に加えて，株主総会に限らず年間を通して行われる対話も含まれます。例えば，投資家を対象とした決算説明会やIRミーティングといったIR（Investor Relations）活動，また，株主を対象とした工場見学や内覧会，個別面談といったSR（Shareholder Relations）活動などが挙げられます。

　こうした循環の中に，監査人も関わってきます。監査人は，企業が作成した財務諸表に対して財務諸表監査を実施した結果として監査意見を表明します。監査意見を記載した監査報告書を通じて財務諸表に信頼性を付与します。適正意見の監査報告書が提出されているからこそ，機関投資家は財務諸表に基づく分析や対話が適切に行うことができます。つまり，監査人による財務諸表監査は，マネーの流れを最適化していく1つの施策として位置づけられるのです。

　その監査報告書に，KAM（Key Audit Matters），つまり，監査上の主要な検討事項が報告されるようになりました。KAMの目的は，監査のプロセスを明らかにすることです。その目的に照らして，監査人が監査にあたって何を重要な事項としたか，また，それにどのように対応したかを監査報告書に具体的に記載していきます。

　投資家はKAMを読むことで「なるほど，ここをリスクと捉えたのか」「監査人は，ここに時間を割いて監査を行ったのか」と監査のプロセスに関する情報が得られます。KAMによって投資先の状況の理解が深まることが期待されるのです。また，KAMは企業と対話するきっかけにもなります。「KAMにこう記載されていたが，会社としてどう対応したのか」「今後，どう対応していくのか」といった対話とそのフィードバックの質を向上させていくことにも活用できます。

（4）KAMを利用する

　金融行政の中で企業と投資家との対話を促進させるために，企業の財務報告では投資家の理解をより深められるような情報の開示が求められています。

そのためには，社内の意識を「経理部門の有価証券報告書」から「経営者の有価証券報告書」へとシフトさせていく必要があります。

しかしながら，人の意識はそう簡単に変えられるものではありません。これまでも社内プロジェクトを立ち上げようとしても，設置に至らなかったこともあれば，設置できても成果物には至らなかったこともあるでしょう。あるいは，成果物を提供しても社内に浸透しなかった経験もあるのではないでしょうか。それほど組織の中で何かを変えていくことは難しいのです。

とはいえ，「経営者の有価証券報告書」へのシフトに時間的な余裕はありません。第4章で説明するとおり，その開示に向けた施策が次々と適用されていきます。日本として最適なマネーの流れが実現していく中で，「経理部門の有価証券報告書」から脱却できない企業は投資の選別から外れるため，マネーが流れ込まなくなります。それでは企業価値を向上させていくことから遠ざかっていきます。

そこで社内の意識を変えるために，KAMという外圧を利用してはいかがでしょうか。監査人によるKAMの報告をきっかけとして，財務報告の開示を充実させていくのです。その充実は，最初はKAMに関連した箇所に限られるかもしれません。しかし，いったん風穴が開いたならば，他の箇所にも波及していくものと期待できます。

そのためには，KAMをどのように利用できるかを理解しておく必要があります。そこで次の章では，KAMの制度について説明していきます。

第 2 章

企業側が知っておくべき
KAM制度

休憩室

「あ〜，こんなところで悩んでいるフリしながら，仕事，サボってる〜」

「なんだ，広末か。うるさいな。サボってなんかない」

「さっき，部長とやりあってましたよね。また怒られたんですか？」

「ほんと，動かないよ，伊武部長は。あれじゃ，訂正報告になってしまうぞ」

「だったら，阿部課長が動けばいいじゃないですか」

「簡単に言うなよ」

「わかった，じゃあ，私が辞令を出します。『阿部くん，あなたをとりまとめ役に任命するわっ！』」

「指し棒のように丸めた資料を俺に向けるなって」

「ね，ね，薬師丸社長に結構，似てたでしょ。バリバリ働く女性って，憧れちゃう〜」

「モノマネも性格も，全然，違う。その資料，丸めて平気なやつか」

「あっ，小木室長に渡すものだった。ヤバっ，資料が丸まったままだ。ま，いっか。そういえば，小木さんとは同期でしたっけ？」

「ああ，あいつは俺と違って，グループ会社に籍を移しながら多くの会社を立て直してきた凄い奴だよ。信頼も厚いしな。最年少で執行役員になって，経営企画室長も務めている」

「同期なのに，全然，違ーう」

「ほんと，うるさいな。ところで，小木に何を渡すの？」

「よく分からないけど，伊武部長が渡しておけって。前に，監査法人の先生たちから説明されたやつ。これ」

「あ〜，KAMか。そうか，もう適用されるものな」

「KAMって，経営企画の人たちにも関係してくるんでしたっけ。てっきり経理で対応するのかと思ってた」

「ちょっと待てよ。KAMが使えるんじゃないか。そうだよ，これを外圧として利用すればいいんだ！」

18

なお，イギリスの財務報告評議会（FRC）の調査に基づくと，世界で初めてKAMが適用されたイギリスでは，【図表2-2】に掲げた項目がKAMとして選ばれていたと報告されています。これによると，会計上の見積りに関連したKAMが多いことがわかります。

図表2-2 ◆ イギリスのKAM適用初年度と翌年度のランキング

順位	適用初年度	順位	翌年度
1	資産の減損（のれん以外）	1	のれんの減損
2	税務	1	税務
3	のれんの減損	3	収益（不正以外）
4	経営者による内部統制の無効化	4	資産の減損（のれん以外）
5	収益認識における不正	5	引当金
6	収益（不正以外）	6	取得・廃棄
7	引当金	7	年金
8	年金	8	投資
8	取得・廃棄	8	投資の評価
10	投資	10	例外項目
10	投資の評価	11	金融商品
12	金融商品	11	不動産の評価

出所：FRCによる "Extended auditor's reports A review of experience in the first year" および "Extended auditor's reports A further review of experience," に基づき筆者が表形式にした。

(2) KAM議論のきっかけ

第1章では，KAMは金融行政の中で企業と投資家との対話を促進させる施策の一環として位置づけられると説明しました。ただし，KAMの議論は日本独自の取り組みではありません。むしろ，日本における議論は遅い状況でした。KAMの導入についても，日本では2021年3月31日以後に終了する連結会計年度および事業年度から強制適用となるのに対して，世界で最初に導入されたイギリスでは2012年10月1日以後に開始する事業年度から適用されていました。このことからもわかるとおり，KAMについての議論や導入は，

諸外国が先行していたのです。

　KAMの議論が諸外国で沸き起こったきっかけは，2007年の金融危機でした。監査人の監査報告書で適正意見が表明されていた企業が，その翌年には倒産に至る事態が起こりました。こうした事態は，財務諸表の利用者にとってサプライズとなります。突然の悪い知らせを喜ぶ者はいません。その結果，監査人が行っていた監査の信頼性が問われるようになります。監査人に対して「一体，監査で何を見ていたのか」と批判が集まるようになったのです。

　こうした批判が生じた背景の１つに，現在の財務会計が見積りの塊となっていることが挙げられます。1990年代後半から始まった会計ビッグバン以前の財務会計は，ここまで会計上の見積りに依存した状況にはありませんでした。客観性や確実性がより重視された中で会計処理が行われ，また，それに基づいた財務報告が行われてきました。それが今や，減損会計をはじめ，税効果会計，退職給付会計，金融商品会計というように，財務会計のあらゆる局面で会計上の見積りが求められている状況になっています。

　このように財務会計が見積りの塊となると，財務諸表の作成者は，企業環境や企業経営の将来の見通しに基づいた会計処理を行わざるを得ません。経営環境が変動しなければ，つまり，将来の見通しが確実であればあるほど，会計上の見積りとその実績との差異は小さくなるしょう。しかし，外部環境をはじめとした企業がコントロールできない要因により経営環境が大きく変動すると，会計上の見積りの不確実性は高まります。やがて確実な状況が見えてきたときに財務会計で損失が計上される事態となると，財務諸表の利用者にはサプライズとして映ってしまうのです。

　特に日本では，この会計上の見積りに関する情報の開示が不足していると指摘されています。諸外国と比較して，財務諸表の注記やその他の情報開示において会計上の見積りに関する説明があまりにも少ないのです。そのため，財務諸表の利用者にとっては，会計上の見積りについての不確実性を把握できない状況にありました。

　このように金融危機が発生したことを契機として，財務諸表の利用者から，

監査報告書に記載される内容が十分ではないとの声が高まります。どのような監査を行ったかの情報の充実が求められるようになりました。この声にいち早く動いたのは，イギリスです。2011年1月に，FRCがディスカッション・ペーパー「会社の有効なスチュワードシップ：コーポレート・レポーティング及び監査の強化」を公表します。この中で，監査人の報告の拡充が提言されました。また，国際監査基準を策定している国際監査・保証基準審議会（IAASB）は，同年5月に公表したコンサルテーション・ペーパー「監査報告の価値の向上：変更の選択肢の模索」によって，監査報告書の記載内容を見直そうと動き出します。

(3) 問題の所在

金融危機をきっかけとして投資家から監査の信頼性が問われる中で，諸外国では，監査報告書の記載を充実させていく方向性を打ち出します。監査人に向けられた批判が，監査報告書における情報提供機能が弱いことに対する指摘だったからです。

KAMが導入される前の監査報告書は，定型の文章によって記載されていました。国際監査基準に示された雛形をベースとしながら，世界各国である程度共通化された監査報告書が利用されていたというのが実務でした。その定型の文章の中で違いが生じる箇所であり，また，財務諸表の利用者が注目していたのは2点でした。1点が監査人は誰か，もう1点が監査意見は何かです。究極は，監査意見が適正かどうかに尽きます。このように監査報告書は，監査意見が適正かどうかを示すフォーマットに収斂していったのです。こうしたフォーマットは，合格不合格（pass／fail）モデルと呼ばれます。

監査制度が始まった頃まで遡ると，当時の監査報告書は記載する内容が統一されていませんでした。記載される内容もボリュームも，それぞれ監査人によって違う状況だったのです。そのような状況では，財務諸表の利用者が個々の企業ごとに監査報告書の内容を読み取らなければなりません。これはコミュニケーションコストを高くします。そこで，できるだけ定型の内容で，

できるだけ短い記載による監査報告が求められました。その行き着いた先が，KAMが導入される前までの定型の短文式の監査報告書なのです。つまり，関係者が求める内容に応じた形が，合格不合格（pass／fail）モデルだったのです。

　ところが，金融危機が起きると，財務諸表の利用者はそれ以上の情報の提供を監査報告に求め始めます。従来の定型の監査報告書では，監査意見という結果しか記載されていません。監査人が何をリスクとして識別し，また，どのように対応したかはブラックボックスです。監査で重視した事項は財務諸表に大きな影響を及ぼすリスクがあるため，それを監査報告書で示してもらえれば財務諸表の利用者にとってサプライズとなる事態を避けやすくなります。そこで，監査意見だけではなく，監査の過程で何を重視したかのプロセスに関する情報まで求めるようになります。いわゆる，「監査報告書の透明化」です。

　一方で，合格不合格（pass／fail）モデルを完全否定することもできません。監査制度の導入当初のように監査人それぞれがフリースタイルで記述した監査報告書を提示されても，財務諸表の利用者としては困ります。どこに監査意見が記載されているかを1社1社探さなければならない状態では，コミュニケーションコストをいたずらに高めてしまうからです。

（4）問題の解決策

　監査報告の改正にあたっては，監査報告書を透明化していきながら，合格不合格（pass／fail）モデルのメリットも活かしていきたい。その解決策として打ち出されたのが，従来の定型の文章に，監査人のフリーハンドの記述を加える構成の監査報告書です。これによって，従来の合格不合格（pass／fail）モデルによって監査意見を表明するスタイルを維持しつつ，監査のプロセスを「見える化」できる記述を追加することが可能になります。このときに追加して記載する事項が，KAMです。

　このスタイルを採用する結果，これまでの短文式の監査報告書と比べて，

KAMを追加した分だけ記載のボリュームが増えます。そのため，この改正は「監査報告書の長文化」と呼ばれることもあります。実際，海外でKAMが導入された監査報告の事例には，従来の短文式の監査報告書だと１ページから２ページ程度であったところ，10ページ近くにわたるボリュームとなったものもあります。

　ただし，KAMは，企業のリスクをさらけ出すものではありません。また，ネガティブな情報を注意喚起するような意味合いでもありません。ましてや監査意見そのものでもありません。KAM導入の発端は，財務諸表の利用者からの，監査意見に至る監査プロセスの情報が提供されていないことの指摘です。これに応えるために導入されたのがKAMであるため，そこで記述されるのは，企業のリスクではなく，監査のプロセスです。各年度の監査にあたって監査人が重要とした事項とそれへの対応について記述されます。

　なお，KAMの記載は，諸外国における監査制度の流れであり，また，日本の監査制度の流れでもあります。KAMを求める声にも，その検討にも関係各位が合意したうえで制度化されました。監査人が一方的に導入したものではありません。

　日本では，会計監査のあり方に関する懇談会の提言に基づき，監査報告書を透明化すべきという声が上がりました。これを受けて，一般社団法人日本経済団体連合会や公益社団法人日本監査役協会，公益社団法人日本証券アナリスト協会，JICPA，金融庁といった主要な関係者の間で意見交換が重ねられます。そこでの議論は，2017年６月26日に「『監査報告書の透明化』について」として取りまとめられました。これを踏まえて企業会計審議会でKAMの導入について審議を行った結果，監査基準が改正されたのです。

　このように，関係者の合意に基づいてKAM導入の議論が進められた点を理解しておく必要があります。財務諸表の利用者や作成者，監査をする側，規制当局が必要な取り組みであると考えたからこそ，制度化に至った点を強調しておきます。

（5）KAM導入の効果

　KAMを導入することによって得られる効果は，監査報告の情報提供機能の向上です。KAMとして監査の固有の情報を記述していくことから，財務諸表の利用者にとっては監査のプロセスが理解しやすくなります。従来の短文式の監査報告書は基本的に雛形に基づく定型文であったため，監査報告で提供される情報価値は格段に高まることが期待されます。

　また，KAMを導入することの副次的な効果として，財務報告に関するガバナンスの強化が挙げられます。KAMは監査人が勝手に記述し，また，勝手に外部に報告するものではありません。そこで前提とされているのは，監査人がKAMを外部に報告するにあたっての，経営者や監査役等とコミュニケーションの充実です。互いに財務報告のリスクを共有したうえで，監査人が作成したKAMのドラフトに基づき，その記述についての協議を重ねていく実務が想定されているのです。

　リスクを共有した経営者や監査役等は，聞きっぱなしで済ますことはできません。KAMが外部に報告されると，経営者や監査役等は監査人とリスクを承知したものと捉えられるため，知らぬ存ぜぬでは通せないからです。ガバナンスの観点からは，そのリスクを防止，軽減していくための対応を図っていく役割が期待されます。また，財務諸表の利用者からは，経営者や監査役等に対してKAMにどのように対応したかの質問が来ると容易に想像がつきます。財務諸表の利用者にとっては，企業のガバナンス状況を検討する材料にもなり得ます。

　このようにKAMの導入によって，経営者，監査役等，監査人とのコミュニケーションを通じて，互いのリスクの認識が今まで以上に共有されていくことが期待されています。これが，企業のガバナンスの強化，すなわち，自律性を持った「攻めのガバナンス」の実現につながっていくのです。

（6） KAMへの協力で企業は評価を受ける

　財務諸表の作成サイドの方の中には，KAMの話をすると，監査人の手柄となるようなものに協力する必要があるのかと誤解する人がいるかもしれません。その考えは間違っています。

　ここまで説明してきたとおり，KAMとは金融行政の一環として導入された制度です。金融行政が目指す状況は「攻めのガバナンス」であり，また，それを実現するための対話の促進です。その対話の促進をしていくきっかけの1つにKAMがあるのです。監査人によるKAMの報告を契機に，企業と投資家とが建設的な対話を行うことで，日本において最適なマネーの流れを実現するという大きな目的を見失ってはいけません。

　企業は投資家との対話によって，適正に評価を受け，また，然るべき投資を受けられるならば，さらなる成長も可能となります。その結果，復配や増配，株高，あるいは，給料の増加などによって家計へと流れるマネーが増えます。そのマネーは，機関投資家を通じて，企業に再投資されていく循環を生み出します。このような状況を生み出すためには，企業は監査人によるKAMの記載に協力することが最初の一歩となります。その歩みこそが，開示に対する真摯な姿勢として投資家から評価を受けるのです。

　財務諸表の利用者は，企業の開示が十分ではない中で，とにかく対話のきっかけとなるものが欲しいと考えています。実際，企業会計審議会・監査部会の審議の過程では，KAMの早期適用をめぐる議論において，財務諸表の利用者から，KAMを早期適用する企業や監査人を高く，前向きに評価する旨の発言がありました。

　投資家をはじめとした財務諸表の利用者は，企業のことを理解したがっています。また，対話もしたがっています。そのきっかけとしてKAMの記載を待ち望んでいます。KAMとは資本市場の中でマネーを回していくための方策の1つであって，決して監査人が手柄を立てるために導入されたものではありません。一連の開示制度の改正が目指す「攻めのガバナンス」を達成

していくことで，企業はメリットを受けることを忘れてはいけません。

図表2-3 ◆KAMを含めた「攻めのガバナンス」

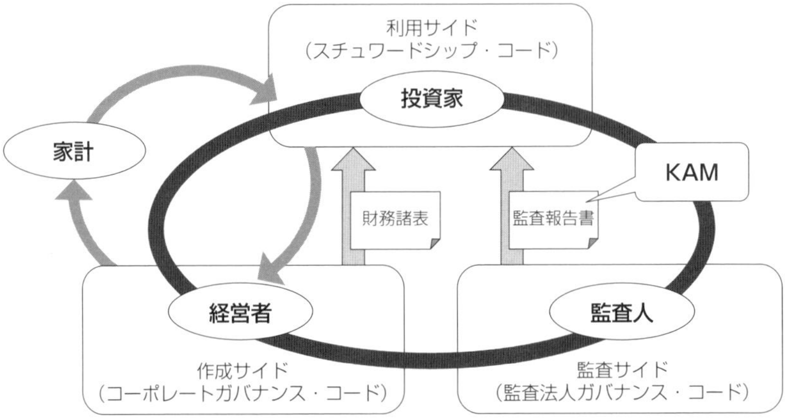

出所：筆者作成

2. KAMを決定していく3つのステップ

（1）財務諸表の作成者によるKAMの予想

①重要な虚偽表示リスクに包含されるKAM

　財務諸表の作成者としては，自社に対してどのようなKAMが記載される
かに大きな関心があるでしょう。それがわからなければ，KAMの対応はも
ちろんのこと，KAMを利用した「経営者の有価証券報告書」へのシフトも
円滑に進められないからです。

　このKAMを決定するのは，監査人です。監査人は，財務諸表監査を実施
するにあたって重要な虚偽表示リスクを識別していきます。ここで，虚偽表
示とは，簡単に言うと，本来あるべき財務諸表と，実際に作成された財務諸
表との違いのことを指します。また，虚偽表示リスクとは，監査が実施され

ていないときに，財務諸表に虚偽表示が存在する可能性をいいます。このような可能性は，金額的にも質的にも大小さまざまなものが生じることがあるため，監査人が財務諸表監査で発見すべき範囲は，虚偽表示リスクのうち重要なものに限られます。それが，重要な虚偽表示リスクです。

多くの場合，KAMは監査人がいくつか識別した重要な虚偽表示リスクの中から選定されるものと考えられます。すると，財務諸表の作成者が自社のKAMを予想するためには，監査人が識別した重要な虚偽表示リスクのすべてを把握する必要があると考えるかもしれません。しかし，その必要はありません。KAMを選ぶための母集団は明確だからです。

②KAMを選ぶための母集団

KAMは，ある母集団の中から決定されます。その母集団とは，監査人が監査役等と協議した事項です。裏を返せば，監査人が監査役等と協議していない事項はKAMとして選ばれません。仮に，監査人が監査役等と協議した事項が8つのときには，KAMはその8つから選ばれるのです。

こうした母集団の明確化は，財務諸表の作成者にとってサプライズとなるような内容がKAMに記載されることがないように制度設計されたためです。突然，「こんなことが報告されるのか」という事態にはならないのです。

具体的には，監査人は監査役等に対して監査計画を説明します。その中で，当年度の監査において重要だと考えている事項を報告します。その後，監査役等と協議する事項に変更がない限り，その重要事項がKAMを選ぶための母集団となるのです。

ただし，監査計画を説明した後に，企業が置かれた環境に応じて，重要な虚偽表示リスクの識別や評価を変更することもあります。例えば，期末監査のときに検出された事項が財務諸表監査の実施にあたって重要な虚偽表示リスクとして急遽，識別されることがあり，かつ，それがKAMとして決定されることもあり得るからです。監査報告書を提出するとき，すなわち，KAMを外部に報告するときまでに時間的な余裕がない場合であっても，監

査計画の変更が重要な場合には監査役等に説明があるため，KAMを選ぶための母集団は必ず明確になります。

③経営者としてのKAMの母集団

　監査人による監査計画の説明は，監査役等に対するものであるため，経営者が説明を受ける機会はないでしょう。財務諸表の作成者に監査の手の内を明かすと，監査の無効化を招きかねないからです。実際，監査役等が監査人の監査計画説明書を経営者に渡していたために，監査人が監査を実施しない領域で会計不正が実行された事例もあります。そのため，監査人は監査計画の説明そのものを伝達することはないと考えられます。

　しかしながら，監査役等に報告する監査の重要項目は，経営者にも伝達されているはずです。なぜなら，監査の対応や不備の改善などについて経営者と協議すべきだからです。監査対応の準備，環境などについて前もって協議しなければ，監査を円滑に実施することに支障が生じます。また，内部統制や会計処理について改善の余地がある場合にも，経営者がどう対応するかによって，監査人による重要な虚偽表示リスクの識別や評価に影響が及びます。そのため，監査にあたって重要な項目は自ずと経営者と協議しているものと考えられるのです。

　よって，経営者は，監査役等に監査人の監査計画を聞き出すまでもなく，普段から話題となっている事項からKAMが選ばれると考えてよいでしょう。もちろん，監査役等から，監査実施の詳細部分を除いたうえで，監査人と協議している事項を共有してもらうことは可能です。もっとも，KAMの実務が始まると，監査人は直接，経営者とKAMについて協議を行うため，監査役等に探りを入れなくても，監査人から直接，伝達されることになります。

④KAMを決定する3ステップ

　監査人がKAMを決定するプロセスは，2018年の改正監査基準で3つのステップとして示されています。財務諸表の作成者がKAM決定のステップを

理解すると，自社にとってのKAMを予想できるため，KAMを利用した「経営者の有価証券報告書」へのシフトに早めに対応しやすくなります。

　最初のステップは，母集団の絞り込みです。監査人は財務諸表監査を実施していくにあたって重要な虚偽表示リスクを識別すると説明しました。その識別したものを中心として監査役等に伝達する事項を絞り込んでいきます。こうして絞り込まれた事項が監査役等に伝達されることを通じて，KAMを選ぶための母集団が明確になります。

　次のステップは，KAMを選ぶための母集団から，特に注意を払った事項を決定します。監査役等に伝達した事項はいくつかあります。そのすべてに対して監査のリソースを均一に配分していくわけではありません。それらの事項に応じてリソース配分の濃淡があるのです。その濃淡のうち濃いもの，すなわち，特に注意を払う事項を決めていきます。

　最後のステップは，特に注意を払った事項から，特に重要であると判断した事項をKAMとして決定します。2つ目のステップから，さらに絞り込んだものがKAMとなります。

　それぞれのステップについて，もう少し具体的に説明していきます。

図表2-4 ◆KAM決定の3ステップ

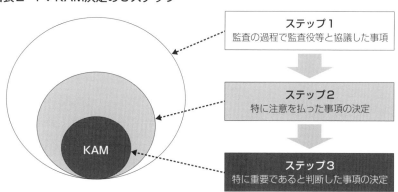

出所：筆者作成

(2) ステップ1：母集団の絞り込み

①監査基準の規定

　監査人がKAMを決定するプロセスのうち最初のステップは，KAMを選ぶための母集団を絞り込むことです。2018年の改正監査基準では，次のとおり，監査の過程で監査役等との協議を規定しています。

> 　監査人は，監査の過程で<u>監査役等と協議した事項の中から</u>特に注意を払った事項を決定した上で，その中からさらに，当年度の財務諸表の監査において，職業的専門家として特に重要であると判断した事項を監査上の主要な検討事項として決定しなければならない。

（注）下線は筆者が付した。

　KAMは監査役等と協議した事項を母集団とすることが，この規定からも理解できます。つまり，監査人が監査役等とコミュニケーションした事項からKAMが選ばれるのです。

　監査制度にKAMが導入されたからといって，監査役等とコミュニケーションすべき事項の範囲に変更はありません。これまでも，監査人は監査役等と財務諸表監査で重点とする事項を協議してきました。これに対して，KAMの制度が適用になると，そのコミュニケーションを通じて協議された事項が，KAMを選ぶための母集団として機能することになります。

②監査役等との協議事項の選別

　監査人が監査役等とコミュニケーションする事項は，それぞれの年度において監査人が識別した重要な虚偽表示リスクの中から選別されたうえで伝達され，また，協議されます。それには，監査役等にコミュニケーションすべき事項とコミュニケーションする事項とがあります。

　まず，監査人が監査役等にコミュニケーションすべき事項とは，特別な検

討を必要とするリスクです。これは，重要な虚偽表示リスクのうち，特別な監査上の検討が必要だと監査人が判断したリスクを指します。機械的に処理される定型的で単純な取引よりも，重要な非定型的取引や判断に依存している事項にかかるものであることが多いと考えられています。非定型的取引は発生が稀なため，内部統制が構築されていないことや関連する会計処理や注記事項に不慣れなことから，より誤りやすくなります。また，判断に依存している事項は，不確実性の高い会計上の見積りを含むことがあるため，経営者の裁量が財務数値の測定に影響しやすくなります。このように，虚偽表示となる可能性が高まることから，監査人は財務諸表監査にあたって，より注意深く監査を実施する事項として設定するものが，特別な検討を必要とするリスクです。

　監査基準委員会報告書（以下，監基報という。）260「監査役等とのコミュニケーション」第13項では，監査人が監査計画について監査役等とコミュニケーションすべきであり，また，それには監査人が識別した特別な検討を必要とするリスクが含まれると規定されています。監査人に課せられた要求事項であるため，特別な検討を必要とするリスクは必ず監査役等に報告しなければなりません。したがって，特別な検討を必要とするリスクは，監査人が監査役等と協議する事項に含まれます。つまり，必ずKAMを選ぶための母集団に含まれるのです。

　特別な検討を必要とするリスクとして，代表的なものが2つ挙げられます。1つは，経営者による内部統制の無効化リスクです。これは，どのような企業であっても識別すべき事項のため，必ず報告されます。もう1つは，収益認識における不正リスクです。監基報240では，収益認識には不正リスクがあると推定すると規定されています。この不正リスクは特別な検討を必要とするリスクとして取り扱われるため，収益認識における不正リスクが報告されることが多くなると考えられます。

　次に，監査人が監査役等にコミュニケーションする事項とは，特別な検討を必要とするリスク以外の監査上の重要課題です。監査上の重要課題とは，

監査人の監査計画について，監査役等が監査人と情報・意見交換する事項の1つです。これは，日本監査役協会とJICPAによる「監査役等と監査人との連携に関する共同研究報告」に例示されているものです。特別な検討を必要とするリスクには至らないものの，重要な虚偽表示リスクの中から監査役等とコミュニケーションすることが適当と判断された事項が該当します。

③KAMの決定に継続性はない

　監査人が監査役等とコミュニケーションする事項には，前期と同様に当期も協議されるものもあれば，前期は協議の対象としたものの当期は対象から外れるものもあります。反対に，前期に協議の対象としなかったところ，当期に新たに追加されるものもあります。このように，各年度で監査人と監査役等とが協議する事項は必ずしも同一ではないため，KAMを選ぶための母集団の範囲も毎年，変化していくことになります。

　したがって，前期にKAMと決定された事項が，当期に自動的にKAMとして決定されるものではありません。ある事象や状況が想定されない場合または想定しても財務諸表に与える影響が乏しい場合には，そもそも，重要な虚偽表示リスクとして識別しないことがあります。また，前期と同様に重要な虚偽表示リスクとして識別したものの，企業が置かれた環境が変化したことを受けて，その評価を低く考えることもあります。すると，前期にKAMとして決定された事項が，当期に監査役等と協議されない，すなわち，KAMを選ぶための母集団に含められないこともあるのです。

　もちろん，前期にも当期にも共通して監査役等と協議する事項がある場合には，監査人は引き続きKAMとして取り扱うべきか否かを検討します。だからといって，前期にKAMとした事項を当期にもKAMとしなければならないわけではありません。例えば，同じ規模の企業買収を行っていたとしても，前期と当期の財政状態や経営成績に応じて，KAMとなることもあれば，ならないこともあります。つまり，いったんKAMとして決定されてしまったら，未来永劫，監査報告書に記載され続けるものではないのです。

（3）ステップ2：特に注意を払った事項の決定

　監査人がKAMを決定するプロセスのうち，KAMを選ぶための母集団を絞り込んだ次のステップは，特に注意を払った事項を決定することです。2018年の改正監査基準では，次のとおり規定されています。

> 　監査人は，監査の過程で監査役等と協議した事項の中から<u>特に注意を払った事項を決定</u>した上で，その中からさらに，当年度の財務諸表の監査において，職業的専門家として特に重要であると判断した事項を監査上の主要な検討事項として決定しなければならない。

（注）下線は筆者が付した。

　このように，監査役等とコミュニケーションを行った事項の中から，特に注意を払った事項を決定していきます。具体的には，KAMを選ぶための母集団から，重点的にコミュニケーションが行われた事項を選んでいくことになります。2018年の改正監査基準の前文では，特に注意を払った事項を決定するにあたって考慮する事項として，「リスク高」「会計上の見積り」「ワンタイム・トランザクション」の3つが例示されています。

①リスク高

　これは，特別な検討を必要とするリスクが識別された事項，または，重要な虚偽表示リスクが高いと評価された事項を指します。後者は，監査人の監査計画を監査役等に説明する際の，監査上の重要課題に相当するといえます。監査人が識別した重要な虚偽表示リスクの中でも，より発生可能性が高いものや金額的なインパクトが大きなものについては，特に注意を払っていくことが多いと考えられるからです。

　ここで留意すべきは，特別な検討を必要とするリスクが直ちにKAMとして決定されるものではないことです。この誤解に基づくと，特別な検討を必

要とするリスクの代表例として挙げた，経営者による内部統制の無効化リスクと収益認識における不正リスクが有無を言わせずにKAMとして決定されることになります。確かに，特別な検討を必要とするリスクは，監査人が特に注意を払った事項と判断することが多いでしょう。監基報701のA20項に，その旨が示されています。

しかし，特別な検討を必要とするリスクは，必ずしも特に注意を払った事項と判断するものではありません。監基報701のA21項で，すべての特別な検討を必要とするリスクがKAMとなるわけではないと注意喚起されているとおりです。したがって，KAMは特別な検討を必要とするリスクから選ぶものと誤解してはいけないのです。

②会計上の見積り

これは，見積りの不確実性が高いと識別された事項を含め，経営者の重要な判断を伴う事項に対する監査人の判断の程度を指します。会計上の見積りの不確実性が高い場合に，財政状態や経営成績に大きなインパクトを与えかねないものについては，特に注意を払っていくことが多いと考えられるからです。

KAMの制度が求められた背景として，現在の財務会計が見積りの塊になったことを指摘しました。会計上の見積りを行った事象や状況が確定したときに，見積りの金額と実績の金額とに大きな差異が生じると，財政状態や経営成績に与えるインパクトが大きくなります。特に不確実性の高い会計上の見積りの場合には，経営者の裁量によって財務数値の測定に影響が及ぶ可能性も否定できないため，監査人は監査の実施にあたって特に注意を払っていくことになります。

もっとも，不確実性の高い会計上の見積りについては，監査人は特別な検討を必要とするリスクとして判断する場合があります。見積りが不確実であるがゆえに，虚偽表示となるリスクが高まるからです。

しかし，特別な検討を必要とするリスクとは判断していない場合であっても，会計上の見積りについて財務諸表の利用者が関心を示すことがあります。

例えば，退職給付債務が基礎率のわずかな変化によって大きく変動する場合に，特別な検討を必要とするリスクとは判断しないものの，財務諸表に与える影響が大きいことから特に注意を払う事項として取り扱うことがあります。このような場合は，KAMを決定していく2つ目のステップに該当する可能性があります。

③ワンタイム・トランザクション

これは，これまで生じなかった重要な事象や取引で当期に発生したものを指します。監基報701では，この具体例として，関連当事者との重要な取引や企業の通常の取引過程から外れた重要な取引，通例でないと思われる重要な取引が挙げられています。一度限りの取引のように，定型的な業務で処理されないものが多いといえます。

定型的な業務に基づき処理される取引では，それに関する業務プロセスが適切に構築されていると想定されます。そこでの内部統制も有効であるならば，財務諸表監査にあたって重要な虚偽表示リスクの評価はそう高くはならないものと考えられます。

これに対して，定型的な業務で処理されない取引では，同じようなリスク評価を行えないことがあります。当期に限って生じた一度限りの取引を適切に処理していく業務プロセスが構築されていない場合があるからです。例えば，これまでM&Aを行っていなかった会社が，当期に企業買収を行うケースを考えてみます。このとき，まったく利用していなかった企業結合会計を適用しなければなりません。不慣れなこともあれば，必要な知識が不足していることもあるでしょう。また，その会計処理によって財務諸表に与える影響が大きい場合には，些細なミスでも金額的なインパクトを及ぼします。

したがって，これまで生じなかった重要な事象や取引で当期に発生したものが，KAM決定のプロセスにおいて特に注意を払った事項として挙げられているものと考えられます。もっとも，同じ企業買収を行う会社であっても，何度もM&Aを行っていることから業務プロセスが適切に構築かつ運用され

ている場合には、「ワンタイム・トランザクション」であることを考慮したとしても「特に注意を払った事項」として決定しないこともあるでしょう。ただし、「リスク高」や「会計上の見積り」を考慮した結果として、「特に注意を払った事項」として決定される場合があります。よって、機械的に判断するものではありません。

ここで注意したい点は、KAMは財務諸表に記載される事項に限らないことです。具体的には、ITシステムという事項が挙げられます。これも、当期において生じた重要な事象に該当すると整理できます。監基報701でも、ITシステムを新規に導入したり重要な変更を加えたりする場合に、特に注意を払った事項に該当することが明記されています。財務報告に関連したITシステムが期待したとおりに稼働しない場合に、財務諸表を作成できなくなることもあれば、作成するために尋常ではない時間を要することもあるからです。また、海外のKAMの事例でも、ITシステムが取り上げられているケースは珍しくありません。そのため、特に注意を払った事項を決定するにあたって考慮する事項は、財務諸表に記載されない事項も対象となり得る点に留意が必要です。

（4）ステップ3：特に重要であると判断した事項の決定

監査人がKAMを決定するプロセスのうち最後のステップは、特に注意を払った事項の中から、特に重要であると判断した事項を決定することです。2018年の改正監査基準では、次のとおり規定されています。

> 監査人は、監査の過程で監査役等と協議した事項の中から特に注意を払った事項を決定した上で、その中からさらに、当年度の財務諸表の監査において、職業的専門家として特に重要であると判断した事項を監査上の主要な検討事項として決定しなければならない。

（注）下線は筆者が付した。

　このとおり，ステップ２で決定した特に注意を払った事項の中から，さらにステップ３で職業的専門家として特に重要であると判断した事項を絞り込んでいきます。その結果がKAMになるのです。監査人が重要と判断した事項については，自ずと監査資源を多く投入すると考えられます。これが，監査プロセスを示すKAMとして決定されるのです。このようにKAMは，監査役等と協議した事項から２段階で絞り込まれて決定されます。

　ステップ３に関する考慮事項が，監基報701に例示されています。それらについて説明していきます。

①財務諸表を理解するうえでの重要性

　KAMを報告する相手は，財務諸表の利用者です。KAMは財務諸表の作成者を宛先とした監査報告書に記載されるものの，その読者は財務諸表の利用者を想定しています。財務諸表の利用者は，KAMをきっかけとして，財務諸表をより理解したい，企業とより対話したいと考えています。そのために，監査プロセスの記載を求めた背景がありました。

　それにもかかわらず，「特に重要であると判断」しようとしている事項に重要性がなければ，監査プロセスの主要な部分を説明することができません。より多くの資源を投入した事項をKAMとして報告することが適していると考えることができるため，KAMとして選ぼうとする事項そのものが重要であることが適しています。

②会計方針の性質

　特に重要であると判断しようとしている事項には，それを処理するための会計方針があります。それ自体が，１つの考慮事項になります。また，経営者が採用した会計方針が，同業他社と比較したときに複雑であったり主観的であったりするときには，よりKAMとして決定されやすくなります。

③虚偽表示が識別された場合

　財務諸表監査の過程で，虚偽表示が識別される場合があります。その発生原因が誤謬か不正かを問わず，本来あるべき財務諸表と，実際に作成された財務諸表との間で違いが識別されると，監査人はその虚偽表示について質的あるいは金額的な重要性に照らして検討を行います。また，経営者に対して虚偽表示を修正するよう協議も行います。

　その虚偽表示が財務諸表に適切に修正されたとしても，そのような検討や協議を行っていることが，特に重要であると判断した事項に該当する可能性があります。そのため，虚偽表示が識別された場合には，それが修正されようと未修正のままであろうと，特に重要であると判断される事項への該当の可否を考慮することがあります。

④監査実施の内容と範囲

　特に重要であると判断しようとしている事項に対応する際に，必要とされる監査実施の内容と範囲について考慮することが示されています。例えば，専門的なスキルや知識が必要な場合があります。金融商品といった会計上の事項だけではなく，鉄鉱石の発掘の見積りのようにビジネスそのものに関する専門性なども含まれます。また，監査チームで対応できるケースもあれば，チーム外の専門家に見解を問い合わせるケースもあります。

　このように，ある事項に対応する際に，監査手続の実施や結果の評価を行うための専門的なスキルや知識が必要な場合には，特に重要であると判断される事項に該当する結果，KAMとして決定されやすくなります。

⑤監査上の困難の性質と程度

　監査人が監査手続を実施することや，手続の結果を評価することが難しい事項があります。また，監査意見の基礎となり得る監査証拠を入手することが難しい事項もあります。こうした事項についても，特に重要であると判断する事項を決定するにあたって考慮することが示されています。もっとも，

監査意見を表明することの困難の程度が大きいと，監査契約を受嘱できなくなります。よって，監査契約が成立している場合のこうした困難な事項が，特に重要であると判断される事項として該当するかを考慮する例として示されています。

⑥内部統制の不備

　内部統制が適切に構築・運用されていないものがあるときに，KAMとして選ばれる可能性があります。もっとも，内部統制の不備があることをもってKAMと決定されるものではありません。ただ，虚偽表示を防止・発見するための企業の内部統制が弱い場合には，監査人は内部統制に依拠できない，あるいは，依拠できる部分が限られます。その分だけ実証手続によってカバーしなければならないことから，財務諸表監査の実施にあたってより多くのリソースを投入することを意味します。

　有価証券報告書提出会社には内部統制報告制度が適用されているため，内部統制の弱さに起因したKAMが選ばれるケースは少ないでしょう。しかし，KAMは個別財務諸表だけではなく連結財務諸表にも適用されます。すると，連結子会社における内部統制の弱さがあることで，特に重要であると判断される事項に該当するとKAMとして決定される場合が考えられます。

⑦複数の考慮事項

　特に重要であると判断しようとしている事項について，考慮すべき事項が複数ある場合があります。例えば，長期契約の場合，収益認識や訴訟，偶発事象といった特に注意を払った事項が含まれることもあれば，他の会計上の見積りに影響を及ぼすこともあります。このように検討すべき論点が多いことから，特に重要であると判断される事項として該当するかを考慮する例として示されています。

　このように，特に重要であると判断するために考慮する事項は多岐にわた

ります。同一の企業であっても年度が替われば，これらのうち何を考慮する
かも異なってきます。その年度において監査上，特に重要だと判断された事
項がKAMとして決定されるため，相対的な重要性で判断されます。

　このことは，自社のKAMを同業他社と単純に比較できないことを意味し
ています。同一の企業でも置かれた環境が変わればKAMも変わる中で，ま
してや置かれた環境が必ずしも同一ではない同業他社と同じKAMが選ばれ
る保証はどこにもありません。したがって，自社のKAMを同業他社と比べて，
「なぜ，これがKAMとして選ばれるか」「なぜ，KAMにこのような記述をす
るのか」と単純に考えてはいけないのです。

(5) 個別財務諸表にもKAMが必要

　KAMは，連結財務諸表の監査報告書だけに記載されるものではありません。
個別財務諸表の監査報告書にも記載することが求められています。したがっ
て，連結財務諸表を作成している企業では，個別財務諸表で計上された項目
が連結消去されたことをもってKAMにならないわけではない点に留意が必
要です。

　KAMを連結財務諸表の監査報告書に記載するか，あるいは、個別財務諸
表の監査報告書に記載するかの観点で分類すると，次の3つのケースが考え
られます。

①連結財務諸表，個別財務諸表ともにKAMとなるケース

　連結財務諸表と個別財務諸表のそれぞれの監査報告書にKAMを記載する
ケースとは，有価証券報告書提出会社に関する事象や項目がKAMとして決
定される場合です。連結子会社に関する事象や項目に金額的，質的な重要性
が乏しいときには，KAMは有価証券報告書提出会社に関するものから選ば
れていくものと考えられます。

　なお，連結財務諸表の監査報告書と個別財務諸表の監査報告書とに同じ内
容のKAMを記載するケースでは，個別財務諸表の監査報告書においてKAM

の内容を省略することができます。この省略規定を適用する場合には，個別財務諸表の監査報告書にKAMの見出しは付すものの，その内容については連結財務諸表の監査報告書のKAMと同一である旨を記載します。こうすることで重複した記載とならないようにすることができます。

②連結財務諸表のみKAMとなるケース

　連結財務諸表の監査報告書のみにKAMを記載するケースとは，連結子会社や持分法適用会社に関連する事象や項目，あるいは，連結財務諸表に固有の事象や項目がKAMとして決定される場合です。

　例えば，連結子会社による売上高がKAMとして取り上げられる場合が挙げられます。また，のれんが連結処理で生じる場合も，このケースに該当します。

③個別財務諸表のみKAMとなるケース

　個別財務諸表の監査報告書のみにKAMを記載するケースとは，連結財務諸表と個別財務諸表とで会計上の取扱いが異なる場合です。

　例えば，業績不振の連結子会社があるケースを考えてみます。連結財務諸表では，その連結子会社の悪化した財政状態や経営成績を取り込んでいます。一方，有価証券報告書提出会社の個別財務諸表では，その連結子会社に対する投融資に対する評価を行うに至っていないこともあります。このようなケースでは，個別財務諸表における連結子会社の投融資の評価がKAMとして決定されることがあります。

　この他，配当可能利益に関する事項が個別財務諸表のKAMとなるケースも考えられます。

　このように，KAMは連結財務諸表，個別財務諸表ともに関係してきます。これは，必ずしも有価証券報告書提出会社だけで対応できるものではないことを意味しています。連結子会社における事象や項目がKAMとして決定さ

れる場合には，その連結子会社の関連する人たちとともにKAMへの対応が必要になります。

　また，有価証券報告書提出会社に関するKAMであったとしても，経理部門だけで対応できるものもあれば，経理部門だけでは対応できないものもあります。例えば，のれんの減損がKAMとして決定された場合には，のれんに関連する事業の将来見通しが欠かせません。これに関して，事業部門の担当者と監査人とが協議することもあれば，事業部門が作成している資料を提出したうえで担当者が説明することもあります。この例からもわかるとおり，企業は他の部門やグループ会社などを巻き込んで全社的にKAMに対応していく必要に迫られる状況が想定されるのです。

3. 海外事例の分析

（1）海外事例からKAMを予想する

　監査人がKAMを決定していく３つのステップを説明してきました。その結果，KAMと決定された事項が具体的に何であったかについて，先行する海外事例から探っていきます。この事例によって，財務諸表の作成者としては，当期のKAMだけではなく，翌期以降に新規に追加されるKAMについても予測できるようになるため，「経営者の有価証券報告書」へとシフトさせるためKAMを利用する準備にも時間をかけられるようになります。

　KAMの適用が世界で最も早かったイギリスにおける状況は，【図表2-3】で示したとおりでした。イギリス以外の国における適用初年度の状況は，【図表2-5】のとおりです。

図表2-5 ◆イギリス以外のKAM適用初年度の状況

順位	シンガポール	香港	ニュージーランド	マレーシア
1	売掛金の減損	売掛金，貸付金及び前渡金の減損	のれん，その他無形資産の減損	収益認識（不正を除く）
2	在庫の評価	不動産の評価	有形固定資産の評価	売掛金の減損
3	収益認識（不正を除く）	のれん	収益認識	のれんと無形資産の減損
4	のれんと無形資産の減損	非金融資産の減損	関連事業体への投資	在庫の評価
5	有形固定資産の減損	収益認識	資本化	投資の減損
6	公正価値による不動産の評価	金融商品（売掛金，貸付金及び前渡金を除く）	金融商品	見越計上と引当金
7	投資の取得・廃棄	在庫	その他	有形固定資産（不動産を除く）の評価
8	投資の減損	取得	引当金	公正価値による不動産の評価

出所：次の文献から筆者が表形式にした。
シンガポール：The Institute of Singapore Chartered Accountants (ISCA), "Embracing Transparency, Enhancing Value - A First Year Review of the Enhanced Auditor's Report in Singapore," 2017.
香港：The Hong Kong Institute of Certified Public Accountants (CPA), "Standard Setting Revised Auditor's Reports - First year review of experience," October 2017.
ニュージーランド：The External Reporting Board (XRB), The Financial Markets Authority (FMA), "Key audit matters - A stock-take of the first year in New Zealand November 2017."
マレーシア：The Securities Commission Malaysia (SC)'s Audit Oversight Board (AOB), the Malaysian Institute of Accountants (MIA) and the Association of Chartered Certified Accountants (ACCA), "Enhanced Auditors' Report A review of first-year implementation experience in Malaysia," 2018.

（2）KAMの3分類

　海外の先行事例の傾向を踏まえると，KAMとして取り上げられやすい事項として「会計上の見積り」「収益認識」「その他」の3つに分類することが

できます。

①会計上の見積り

　KAMが海外で求められた背景の1つに，財務諸表が見積りの塊になっていると説明しました。そのため，会計上の見積りに対する監査プロセスをKAMとして説明することは自然な流れです。

　KAMに取り上げられた会計上の見積りで頻出しているのが，のれんの減損です。IFRS（国際財務報告基準）を適用している場合は，日本基準と比較して償却を行わない分，減損損失を計上したときのインパクトが大きくなります。そのため，のれんの減損に関する会計上の見積りに対する監査プロセスをKAMとして情報提供しているものと考えられます。のれん以外の固定資産にかかる減損も，損失計上されるときに多額となりやすいため，頻出項目となっています。

　その他の会計上の見積りとしては，引当金もあれば，収益認識の変動対価もあります。不確実性が高いという観点からは税務がKAMとして決定される例も少なくありません。このように，会計上の見積りに関する事項がKAMに取り上げられやすいことが理解できます。

②収益認識

　会計上の見積りに関する事項の他には，収益認識をKAMとしている事例が比較的多いといえます。例えば，収益の期間帰属や不正リスク対応などがKAMとして報告されています。

　その理由として，損益計算書のトップラインである売上高は財務諸表監査をするうえで重要視しているからと考えられます。売上高は，市場シェアを示す指標として使用されることもあれば，企業の成長を図る指標としても使用されることもあります。また，売上高が利益の源泉となることからも，売上高として計上される金額は重要です。

　さらに，財務諸表監査では，収益認識には不正リスクがあると推定します。

つまり収益認識で不正が生じることを想定したうえで財務諸表監査を実施することが求められているのです。これは，不正リスクを識別する必要がないとする反証ができない限り，必ず実施すべき手続として規定されています。不正リスクが識別されると，それは特別な検討を必要とするリスクに該当する結果，KAMに選ばれやすくなるのです。

特に業績が良い企業では，減損の可能性も少なく，また，繰延税金資産の回収可能性について判断に悩む局面も少ないことから，会計上の見積りに関する事項が監査上，大きな論点にならないことがあります。すると，監査プロセスにおいて監査のリソースは，会計上の見積りよりも収益認識の検討に配分されることが多くなります。その結果，収益認識がKAMとして取り上げられやすくなるものと考えられます。

③その他

これは，会計上の見積りと収益認識を除いたものです。企業によってさまざまなKAMがあります。財務報告に関連するITシステムもあれば，買収初年度の会計処理もあります。あるいは，新しい会計基準の適用初年度の会計処理もあります。このように，企業の置かれた環境に応じて決定されていくKAMもあることが理解できます。

（3）KAMが報告される数

①海外事例における平均

企業がKAMを利用して「経営者の有価証券報告書」へとシフトしていく，つまり，追加的な開示に備える観点からは，KAMとして何が決定されるかに加えて，いくつ選ばれるかも重要な論点です。海外事例の分析結果から，報告されたKAMの平均の数をまとめると，【図表2-6】のとおりです。

図表2-6 ◆ 海外事例におけるKAMの平均の数

	イギリス		シンガポール	香港	ニュージーランド	マレーシア
	初年度	翌年度				
平均の数	4.2	3.9	2.3	1.79	1.74	2.09

出所：図表2-3，2-5と同じ。ただし，ニュージーランドについては，記載された数値に基づき筆者が算定している。

イギリスのKAMは4つ前後となっているのに対して，イギリス以外の国や地域では2つ程度となっています。イギリス企業と規模や複雑さが異なるために，KAMの数の違いが現れたと考えられます。

KAMとして報告される数は，企業が置かれた経営環境に応じて変動します。また，同じ企業であっても，前期と当期でKAMの数は変わることがあります。それぞれの年度における財務諸表監査において特に重要だと判断された事項がKAMとなるため，そこでの重要性の判断は相対的なものです。

したがって，年度ごとに取り上げられるKAMの数が変動することは，特段，おかしな状況ではありません。例えば，前期と当期のそれぞれの年度に同じ規模の企業結合を行ったとしても，前期はKAMとされたものの当期はKAMにならないという状況もあり得るのです。

②KAMがゼロとは想定されない

KAMは当期の財務諸表監査において重要だという相対的な重要性に基づいて決定されるため，KAMが選ばれない状況は想定されていません。特別な検討を必要とするリスクのように，監査役等とコミュニケーションしなければならない事項があるため，KAMを選ぶための母集団は必ず存在します。その中にKAMとすべき事項は，少なくとも1つはあるものと考えられます。したがって，KAMがゼロとなる状況は極めて限定的だといえます。

ここで気をつけたいのは，財務諸表の作成者が，KAMを企業に対するアラート情報だと受け取ってしまう誤解です。このように捉えてしまうと，KAMはできるだけ少なくすべき，あるいはゼロであることがいいと勘違い

してしまいます。KAMは監査のプロセスを説明することが目的であって，企業のリスクをさらすことを目的とはしていません。また，KAMは必ずしもネガティブな情報を報告するものでもありません。したがって，KAMとして報告される数が少なければ少ないほどいいと誤解してはいけません。

③KAMは多すぎてもいけない

　KAMがゼロとなることは想定されないと説明しましたが，反対に，KAMの数をむやみに多くすればよいものでもありません。KAMは，監査プロセスのうち重要な事項を説明する性質であるため，重要ではない事項までKAMとして外部に報告することは趣旨に反するからです。実際，監基報701第A30項では，KAMとして決定した事項の数が多い場合には，KAMとして取り扱うことの再検討を求めています。KAMの数が多いときには，特に重要ではない事項が含まれている可能性があるためです。

　このKAMの数について，現行の基準の中で規定化されたものはありません。KAMについて最低限の数を示したものもなければ，上限を示したものもありません。ただ，規定化されなかった文書にKAMの数に言及したものがありました。それは，2012年6月のIAASBからのコメント募集文書「監査報告書の改善」です。その中で，社会的影響度の高い事業体（Public Interest Entities：PIEs）では，KAMの数は2から10までの範囲が一般的ではないかとの見解が示されていました。KAMの海外事例として紹介されることの多いロールスロイス社では，KAMの適用初年度に報告された数は10でした。

　もちろん，IAASBの見解は規定化されていないため，これに従わなければならないものではありません。KAMの実務が最も積み上がっているイギリスでも，FTSE100の企業の中にはKAMが1つという事例もあります。なお，2018年12月24日入替時点のFTSE100構成銘柄に対するKAMの数の分布は，【図表2-7】のとおりです。4つを最頻値としながらも，2つから6つまでを報告している事例が多くなっています。

図表2-7 ◆2018年12月期を主としたFTSE100企業のKAMの数

KAMの数	該当企業数	割合
9	2	2.0%
8	4	4.0%
7	6	6.0%
6	16	16.2%
5	16	16.2%
4	19	19.2%
3	16	16.2%
2	17	17.2%
1	3	3.0%
合計	99	100.0%

出所：筆者調べ。2018年12月24日入替時点のFTSE100構成銘柄の企業について，2019年4月までの最新年度のKAMを対象としている。ただし，2銘柄が登録されているロイヤル・ダッチ・シェルは1社として取り扱い，また，ランドゴールド・リソーシズは合併によって基準年度のKAMが報告されていないため，99社となっている。

　この章では，まずKAMが求められた背景を押さえ，次にKAM制度がどのようなものかを決定プロセスとともに理解し，最後に海外事例の状況を確認しました。これらを通じて，財務諸表の作成者としては，KAMについて監査人と協議していくだけではなく，企業の中でも経営者や関係部門と連携していく必要もあることに気づかれたかもしれません。そのような社内連携のあり方はKAMによって変わるところがあります。そこで，次の第3章では，イギリスにおけるKAM事例を踏まえながら，財務諸表の作成者として対応が必要な事項を考えていきます。

KAMの海外事例の活用術

経営企画室

「こんにちは～！」

「おっ，にぎやかな奴がやってきたな。あ，辛気臭い奴も一緒だ」

「相変わらず口が悪いな。よくもそれでグループ会社の人たちから信頼されているな」

「やっぱ，ハートの違いかな。ほら，俺って人格者だからね」

「わかる，わかる。人格者同士，通じ合えるものを感じるな～」

「だろ。君はわかってるね～」

「広末まで調子に乗るな」

「どうした，今日は？　二人揃って」

「いや，お前の力を借りたくてな。有価証券報告書の記載をなんとかしたいんだよ。経理だけじゃなく，関係する部門にもやってもらわないと」

「経理の仕事だって反論されないか，それ？」

「そんな時代じゃなくなっている。それぞれの部門が責任をもって記載しないと制度改正に対応できないんだ。この前，ウチの広末がKAMの資料を持ってきただろ」

「そう言われてもな。こんなに大変だってイメージできるもの，ある？」

「ジャ～ン！　見て，これ」

「KAMの実務が先行している海外事例100社からピックアップしたものを翻訳しておいた。これに目を通せば，関係する部門がそれぞれ対応しなきゃならないことが理解できるはずだ」

「へえ～，よく集めたね」

「こう見えても，ワタクシ，帰国子女でして。英語はお得意なんですのよ」

「その代わり，日本語が拙いところもあるから，翻訳は割り引いて見てやってくれ」

「ちょっと，それ，ひどくない？」

1. イギリスのKAM事例の選定理由

（1）最も多くのフィードバックを受けている

　この章では，実際に公表されているKAMの事例について，企業の開示の観点から解説していきます。

　海外事例といえば，アメリカが引き合いに出されることがあります。アメリカの制度では，KAMに相当する記載事項として，監査上の重要な事項（CAM）があります。その内容はKAMに近いものの，完全に一致したものではありません。KAMが監査の実施過程において最も重要な事項にフォーカスするのに対して，CAMは財務諸表で重要な勘定や開示に関連する，特に困難な，主観的なまたは複雑な監査人の判断を含む事項にフォーカスします。このことから，KAMがCAMを包含している関係と考えることができます。

　CAMはKAMの一部を構成しているため，事例として参考にできます。しかし，アメリカのCAMは，段階的に適用されていきます。まず，時価総額7億ドル以上とするSEC（証券取引委員会）登録企業に対して，2019年6月15日以降に終了する事業年度から適用されます。そのため，本書執筆段階では，まだ一部のみが公表された状況にすぎません。

　そこで本書では，イギリスのKAM事例を対象としました。イギリスは，世界で一番早くKAMが適用された国です。2012年10月1日以降に開始する事業年度からの適用のため，12月末決算の会社が多いことを踏まえると，実質2013年12月期から適用されています。本書を執筆している時点で直近の決算期が2018年12月期であるため，すでに6度もKAMを外部に報告してきた実績が積み上がっています。つまり，初年度のKAMから5回のフィードバックを経て磨き上げられた記述になっていると期待できるのです。また，イギリスは株式市場が成熟していることや，会計制度や開示制度の面で歴史的

に先進国であったことも踏まえると，他の国や地域と比較してより充実した
KAMが記述されているものと期待できます。

なお，本章で紹介する事例は，2018年12月入替時点のFTSE100構成銘柄
に選定された企業におけるKAMから抽出しました。

(2) 日本のKAM試行を参考にしない理由

日本でKAMが試行された事例として，2017年11月17日にJICPAが公表し
た「監査報告書の透明化　KAM試行の取りまとめ」に収録された例示があ
ります。そこには，日本語によるKAMが6つ掲載されています。これらを
参考にしてKAMに対応していくことも考えられますが，本書ではそれを参
考にしません。それは，次の3点を理由としています。

①公表されるとは想定してないこと

海外のKAM事例は，監査制度の一環として強制適用される中で，企業側
が監査人と議論を重ねた結果として公表に至ったものです。公にする価値が
ある情報として絞り込まれたうえでKAMが記述されています。投資家を含
んだ不特定多数の人々の目に触れることを念頭に置いているため，不要と考
えられる情報を削ぎ落とした結果がKAMとして表現されていると考えられ
ます。

それに対して，JICPAのトライアルは，KAMがそのまま自社の情報とし
て公になることが想定されていません。公になるKAMなら，この6つの例
示に記述された内容とは違うものになっていた可能性も十分に考えられるの
です。実際，イギリスのKAMを見たときに，必ずしもJICPAの例示ほどに
は具体的，詳細な内容とはなっていません。

KAMは監査調書を公表するものでもなければ，マネジメントレターを掲
載するものでもありません。さらには，企業のリスクをさらすことを主目的
ともしているものでもありません。あくまでも監査のプロセスを示すものと
しての位置づけです。すると，JICPAの例示の中には，書きすぎの感を否め

ないものも含まれていると考えられます。

②KAMの協議にかけられた期間が短かったこと

JICPAのトライアルが実施された時期は，2017年8月下旬から1ヶ月程度という短い期間です。もっとも，これは企業会計審議会の監査部会から要請されて，急遽，トライアルを実施したという背景があるため，やむを得ない面があります。もちろん，そのように急なトライアルの呼びかけに対応してもらえたおかげで，日本語によるKAMが提供できたのも事実です。KAM導入の議論を進めるにあたって貴重な資料になったことは間違いないでしょう。

しかし，検討時間が1ヶ月程度という中で作成されたKAMであるという点は，大きな問題をはらんでいます。というのも，トライアルとしてJICPAに提示されたKAMの中には，検討が不十分なものもあったのではないかと推測されるからです。例えば，企業としてはそこまで記述されることに合意していない内容であるにもかかわらず，KAMのトライアルとしてJICPAに提出されたとしても仕方がない期間設定だといえます。

加えて，JICPAは例示を公表するにあたって，具体的な企業や業種が特定されないように，トライアルで提出された文章をある程度修正しています。つまり，監査人が作成し，かつ，経営者とも合意に至ったKAMではない記述が例示として公表された可能性が考えられるのです。このように，KAMの協議に関与していない者によって記述が修正されたKAMの事例は，制度設計にあたっての議論には有益ではあっても，制度導入された後の現場レベルで参考にするには限界があります。

③KAMの対象がすでに公表された財務諸表であったこと

KAMのトライアルで対象とされた財務諸表は，その直前期にあたる2016年12月期から2017年3月期までにかかる連結財務諸表です。すでに開示を終えたものに対してKAMを検討していたことになります。

これが意味するのは，KAMのトライアルによって企業が追加的な開示の

必要に迫られる事態には陥らないということです。どんなKAMが記述されたとしても、それが企業側の開示に何ら影響を与えないような状況で試作された性質を持っているのです。

これらの理由は、JICPAのトライアルの目的が、KAMを制度導入するための議論にあることに起因しています。実際、その資料にも実施の目的が「KAMの導入にあたっての実務上の課題を抽出」だと明記されています。KAMを制度として導入するにあたって、どのような問題が生じるのかを測る意味合いが強いのです。公表されていない事実が書かれる可能性があることや、そこまで踏み込まないといけないような日本の会計基準や会計制度の開示の弱さがあることなど、企業の現状の開示が十分でないことを強調することが目的だと考えられます。

このように問題提起の色が強いKAMであるため、企業が追加開示の要否を検討するには必ずしも適当ではありません。監査プロセスの情報を提供することを主目的とする観点からすると、トライアルのKAMの記述では踏み込みすぎているものもあるため、それに基づき企業の追加開示を検討していくと、過剰な開示にもなりかねません。そのため、JICPAのトライアルに例示されたKAMを本書では利用していません。

(3) 留意事項

イギリスにおける直近のKAM事例を紹介しながら、そのポイントを解説していきます。紹介していくのは、まず会計上の見積りとして「のれんの減損」「繰延税金資産の回収可能性」「退職給付関連」を、次に収益認識として「変動対価」「正確性」「不正リスク対応」を、最後にその他として「企業結合における取得」「ITシステム」です。

留意すべき点は、本書におけるKAM事例の文章は、あくまでもイメージをつけるために提示する仮訳である点です。正式な翻訳でもなければ、翻訳の正確性を保証するものでもありません。また、KAMの記述イメージを理

解する以外の目的に使用されることを一切想定していません。加えて，レイアウトも再現していません。そのうえで，次からのKAM事例を利用してください。

2．のれんの減損

（1）KAM事例

のれんの減損に関するKAMとして紹介するのは，ディアジオ（Diageo PLC）に対するものです。この会社は，スピリッツやビールの分野で多くのブランドを有するアルコール飲料のメーカーです。ディアジオが発行した「Annual Report 2018」には，2018年6月期の財務諸表が掲載されています。

これを監査したのは，プライスウォーターハウスクーパースです。監査人による監査報告書の総ページは7ページでした。このうちKAMの占めるページ数は3ページ，また，報告されたKAMの数は6つです。のれんの減損に関するKAMは1番目に記載されています。他のKAMが半ページ相当の記述量なのに対して，のれんの減損のKAMはほぼ1ページを使った記述となっています。

KAM事例① のれんの減損

【監査上の主要な検討事項】

のれんおよび無形資産の簿価（グループ）
監査委員会の報告書および注記10—無形資産を参照のこと。

2018年6月30日現在，本グループは，のれんを2,678百万ポンド，耐用年数が確定できないブランド無形資産を8,330百万ポンド，および

その他の無形資産を1,564百万ポンド計上している。これらは，21の現金生成単位（「CGU」）に含まれている。

　のれんおよび耐用年数が確定できない無形資産は，少なくとも年に1回，減損テストを実施しなければならない。使用価値および処分費用控除後の公正価値のいずれか高いほうである回収可能価額の決定には，関連するCGUの識別とその後の評価のいずれにも，経営者による見積りが必要となる。回収可能価額は，将来の価格および販売数量の成長率，将来の営業支出の時期，ならびに最も適切な割引率および長期的な成長率などの変数や市場の状況についての経営者の仮定に基づいている。

　減損費用が認識されたのは，アフリカ地域市場（ARM）CGUに割り当てられたMetaブランド（筆者注：ビールのブランド），関連するその他の資産およびのれんに関して，それぞれ40百万ポンド，38百万ポンドおよび50百万ポンドであった。

　経営者は，USL（ユナイテッド・スピリッツ・リミテッド）ののれんを含むCGUおよびウィンザー・プレミア・ブランドは，使用される仮定の合理的に起こり得る変更に敏感であると判断した。その結果，回収可能価額はCGUまたはブランドの帳簿価額を下回る可能性がある。加えて，すべてののれんが減損しているわけではないため，ARMのCGUは引き続き慎重を期している。そのため，予測計画がさらに悪化した場合には追加の減損費用が発生することになる。追加の感応度開示は，これらのCGUにするグループの財務諸表に含まれている。

【監査上の主要な検討事項への対応】

　我々は経営者によるグループのCGUの識別の適切性を評価し，また，減損評価プロセスに対するグループの統制に関する運用状況をテストしたところ，監査の目的に照らして十分であると判断した。

　監査手続には，減損モデルの適切性および使用された仮定の合理性に関する取扱いについて批判的に検討することが含まれている。それは，

次の事項を実施することを通じて，USLののれんを含むCGU，ARMの
CGU，Metaおよびウィンザー・プレミア・ブランドに特に焦点を当て
ている。

- 減損モデルにおけるディアジオの市場関連の主要な仮定を評価する。
  その評価には，割引率，長期成長率および為替レートを含み，外部デ
  ータと比較し，また，監査人側の評価に関する専門知識を使用する。
- 実際の過去の業績と以前の予測との比較を通じて，キャッシュ・フロ
  ー予測の信頼性を評価する。
- 計算上の正確性を調べ，また，減損モデルの感応度分析を実行する。
- 資産の商業的見通しを理解する。可能であれば外部データソースと仮
  定とを比較する。
- ARMのCGUおよびMetaブランドについては，それらが業績にどの
  ような影響を及ぼしたか，また，それらが改訂予想成長率に適切に反
  映されているかどうかといった，その事業が直面している現在の課題
  を含めて，期末時点に，減損費用に対するトリガーを特に評価した。
- USLののれんについては，インド市場での成長戦略に関する仮定を
  批判的に検討することによって，予測の合理性を評価した。

　我々は，USLののれん，ARMのCGUおよびウィンザー・プレミア・
ブランドに関して提供された感応度を含め，グループ財務諸表の注記
10における関連した開示の適切性と網羅性を評価した。また，それら
は合理的であるとみなした。

　以上の手続に基づき，我々は重大な例外はないと指摘し，また，経営
者の主な仮定は合理的な範囲内であるとみなした。

(2) 頻出項目であること

　減損会計はKAMとして取り上げられやすい傾向があります。その証拠に，イギリスのFRCによるKAM適用後の調査報告書によれば，KAMとして報告された事項のランキングでは，適用初年度で資産の減損（のれんを含まず）が1位，のれん減損が3位，また，翌年度でのれんの減損が1位，資産の減損（のれんを含まず）が4位となっています。いずれもトップ5にランクインするほどに頻出の項目となっていることがわかります（【図表2-2】参照）。

　一方で，JICPAによるトライアルでも同じ傾向となっています。それによれば，「資産（のれん以外の固定資産）の減損」が1位，「企業結合に関する会計処理，のれんの計上および評価」が2位となっています。減損会計に関連した項目が上位2つを占めています。

　このように，のれんの減損あるいは資産の減損がKAMとして決定される傾向が読み取れます。その背景には，会計基準の規定内容による影響があると考えられます。

　イギリスの企業が適用している会計基準はIFRSです。IAS（国際会計基準）第36号「資産の減損」では，のれんに対して減損テストのみによって減損損失を計上する方法が採用されています。日本のように償却を行わない分だけ，相対的に減損損失の金額が多額になります。ひとたび減損が適用されると，経営成績に与える影響が大きなものとなるのです。

　また，国際会計基準審議会（IASB）で「too little, too late」と呼ばれる問題があります。減損テストのみで減損損失を計上する方法では，のれんの減損損失のタイミングが遅すぎる，または，その金額が小さすぎるのではないかという懸念を指す言葉です。このような懸念があることから，会計監査においても，のれんに対する減損会計の適用に慎重になる姿勢は当然のことです。

　一方で，日本基準を適用していれば，減損会計がKAMとして取り上げられなくなるわけでもありません。のれんやその他の固定資産に対する減損会

計では，割引前将来キャッシュ・フローをはじめとして見積りの要素が大き
な点は，IFRSと変わりません。

（3） 金額的なインパクト

　のれんの金額が多額になりがちな点も，KAMとして決定される背景の１
つに挙げられます。のれんをはじめとした減損会計の対象となる資産が総資
産に占める割合が大きい，あるいは，純資産に占める割合が大きい場合に減
損に至ったときには，減損損失の分だけ財政状態にインパクトを与えます。
また，減損損失として計上される金額によっては，利益が大きく引き下げら
れる，あるいは，マイナス値に転じることから，経営成績にもインパクトを
与えます。そのため，のれんの残高や減損損失の対象となる資産の残高が多
額である場合には，減損損失が計上されていなくても，減損会計がKAMと
して決定される蓋然性が高いと考えられます。

　紹介した事例の会社では，総資産が29,715百万ポンドのため，のれんの残
高だけで総資産の9.0%を占めています。また，純資産が11,713百万ポンドの
ため，のれんの占める割合は22.9%となっています。さらに，耐用年数が確
定できないブランド無形資産およびその他の無形資産を加えると，総資産に
占める割合は42.3%，また純資産に占める割合に至っては107.3%となります。
これらの残高のうち一部でも減損となると，財政状態に与える影響が大きい
ことが理解できます。また，税金等調整前当期純利益が3,740百万ポンドの
ため，減損の金額次第では赤字に転落する可能性もあります。

　ただし，そのインパクトが大きくはないからという理由でKAMから外れ
るものではありません。KAMは監査のプロセスを説明するものであって，
企業のリスクをさらけ出すものでありません。よって，のれんの金額が大き
くない場合であっても，経営者と監査人とが頻繁に協議することが必要なケー
スでは，監査プロセスに監査資源をより多く投入することになります。そ
のため，リスクは大きくないけれども，監査プロセスに対して重要であるこ
とからKAMとして決定されることがあり得ます。

また，のれんは貸借対照表上の残高を対象としてKAMと決定されること
もあれば，のれんが複数ののれんから構成されている場合には一部だけを対
象として決定されることもあります。のれんだからといって，そのすべてが
KAMの対象となるというわけではありません。

(4) 企業としての対応

　減損会計は，割引前将来キャッシュ・フローに基づき減損の要否を判断し
ていきます。そこでは，業界の動向に対する経営者の見通しや，将来の売上
成長率といった主要な指標を算出するための仮定，設定する割引率など，見
積りの要素が多く含まれます。

　こうした会計上の見積りが適正であることを検討するために，経営者が評
価の専門家を利用する場合が少なくありません。雇用するか，あるいは，業
務を委託するかの形態は問わず，評価に関する専門家を活用する実務があり
ます。特にIFRSや米国会計基準を採用している企業は，日本基準を採用し
ている企業よりも，評価の専門家を利用している状況にあると推測されます。

　減損会計がKAMとして取り上げられる際に，経営者が評価の専門家を利
用している場合は，そのことについてKAMの中で言及されることも想定さ
れます。一方，専門家の利用がない場合には何の言及もないため，この
KAMを読んだ投資家との対話の中で，見積りの適正性に関する見解を今以
上に求められる可能性も考えられます。したがって，今後のM&Aを行う時
点やその後も継続して，のれんの評価に関する専門家を利用する実務が浸透
していくものと考えられます。

　また，監査人の対応手続として，評価をはじめとした専門家を監査人が独
自に利用することも想定されます。専門的な分野に対して専門家を利用しな
ければ，監査意見を表明するための監査証拠が得られないと判断する場合が
考えられるからです。こうした監査人による専門家の利用は，KAMへの対
応の箇所で記述することがあります。そのため，KAMの導入をきっかけと
して，各種の専門家の利用が促進される可能性が考えられます。これは，監

査報酬の増額にも影響します。

　なお，減損の要否を検討するにあたって，企業が感応度分析を行う場合も
あります。これについては，第5章で詳しく説明します。

3. 繰延税金資産の回収可能性

（1）KAM事例

　繰延税金資産の回収可能性に関するKAMとして紹介するのは，RSAイン
シュアランス・グループ（RSA Insurance Group PLC）に対するものです。
この会社は，損害保険を事業としています。RSAインシュアランス・グル
ープの発行する「Annual Report and Accounts 2018」に掲載されているの
は2018年12月期にかかる財務諸表です。

　これを監査したのは，KPMGです。この監査人の発行した監査報告書の総
ページ数は8ページでした。このうちKAMの占めるページ数は4ページ，
また，報告されたKAMの数は6つです。その5番目に繰延税金資産の回収
可能性に関するKAMが記載されています。それぞれのKAMの記述は1/3ペ
ージからほぼ1ページを使ったものがあるところ，繰延税金資産の回収可能
性に関するKAMは1/3ページのボリュームでした。

KAM事例②　繰延税金資産の回収可能性

繰延税金資産の評価

（2018年：234百万ポンド，2017年：276百万ポンド）
58ページ（グループ監査委員会報告），115ページ（会計方針）および
146ページから147ページ（財務情報）を参照のこと。

予測に基づく評価

　認識された繰延税金資産の回収可能性は，英国事業の将来の収益性，特に課税対象の法人としてのRSAインシュアランス・グループの将来の収益性に左右される。将来の課税所得の予測の基礎となる事業計画の策定には，固有の不確実性が伴う。

　これらの予測によって，繰延税金資産が認識されるか認識されないかが決定される。これらの事象の影響によって，合理的な結果の潜在的な範囲が財務諸表全体としての重要性よりも大きいことから，リスク評価の一環として，監査人は繰延税金資産の回収可能額は見積りの不確実性が高いと判断した。財務諸表（注記29）には，当グループが見積った感応度が開示されている。

【対応】
　監査手続は次のとおりである。
- 過去の比較と監査人の業界での経験：予想成長率を当グループの承認された事業計画と比較し，また，過去における予測プロセスの精度を評価する。ビジネスの最近の業績，事業計画および監査人の業界の知識を参考にしながら，予想マージンを達成できるかどうかを検討した。
- 感応度分析：連結営業比率などの仮定に対する課税所得の感応度を分析する。
- 独自の税務専門知識：監査人独自の税務専門家および税法に関する知識を活用しながら，予測利益が課税対象となる限度の評価も行った。特に英国事業と課税法人としてのRSAインシュアランス・グループに対して，累積税務損失およびその他の関連する租税属性をグループ内でどのように利用できるかについてのグループの仮定に重点を置いた。
- 透明性の評価：繰延税金資産の評価および認識を裏付ける仮定および感応度に関する当グループの開示が適切であるかどうかを評価する。

【結果】

　手続の結果，繰延税金資産の水準は許容できるものと認識された（2017年の結果：許容可能）。

（2） 事例の傾向

　イギリスのFRCによるKAM適用後の調査報告書では，税務がKAMとして報告された事項のランキングは，適用初年度，翌年度ともに2位でした。ただし，この税務という区分が，繰延税金資産の回収可能性だけではないという点に注意が必要です。イギリスのKAM事例を調査していく中では，繰延税金資産の回収可能性よりも不確実な税務上のポジションを取り上げているケースが多く見受けられます。そのため，繰延税金資産の回収可能性だけを取り上げたときには，KAMの記載ランキングはもっと下位になります。

　一方で，日本では，JICPAのトライアル結果として，税務は第4位となっています。これも繰延税金資産の回収可能性だけではないものの，上位にランクインしています。

　この原因として，トライアルを行った企業において，大企業の占める割合があまりにも高いことが考えられます。このトライアルに参加した企業26社のうち，1兆円以上の連結売上高がある企業が12社と，全体の46.2％を占めています。この12社は上場企業の総数に占める割合としては3.9％にすぎないため，偏りのあるサンプルとなっています。トライアルの目的がKAM導入の実務上の課題を抽出することにあるため，より課題が抽出されやすいサンプルにしたものと推測されます。

　また，この26社の中で米国会計基準やIFRSを採用している会社が9社あるため，世界的に事業展開している企業が多く抽出されています。進出先の国や地域の税務の複雑さによっては，不確実な税務上のポジションに立っていることもあるため，結果的に4位に引き上がったものと考えます。

（3）日本企業で想定される事項

　日本では，繰延税金資産の回収可能性に関するKAMが取り上げられやすいと考えています。

　KAMのランキングに従えば，繰延税金資産の回収可能性に着目した場合，イギリスでも日本の大企業でも，KAMとして決定されることが多くはないといえます。しかし，日本の税制の特徴を踏まえたときに，加算項目が多いことから，日本における単体決算では将来減算一時差異が多額になるものと想定されます。このことは，繰延税金資産の残高のうち海外子会社のそれが占める割合が少ない場合には，繰延税金資産の回収可能性が論点になりやすいことを意味します。

　繰延税金資産の回収可能性を判断するにあたっては，将来の一時差異等加減算前課税所得や一時差異のスケジューリングなどの見積りの要素が含まれます。その結果として繰延税金資産の取崩しが生じる場合には，財政状態や経営成績に大きなインパクトを与えるケースもあり得ます。そのため，日本のKAMでは，イギリスのKAMよりも繰延税金資産の回収可能性が取り上げられやすいと考えています。

　紹介した事例の会社では，総資産が20,293百万ポンド，純資産が4,251百万ポンドであるため，繰延税金資産の全額が回収不能となったとしても，財政状態に与える影響は限定的です。しかし，税金等調整前当期純利益が480百万ポンドのため，繰延税金資産の一部が回収不能となる場合でも，最終利益に一定のインパクトを生じさせる可能性があります。

　また，日本企業において繰延税金資産の回収可能性がKAMとして決定される状況としては，企業会計基準適用指針第26号「繰延税金資産の回収可能性に関する適用指針」でいう分類3や分類4に該当するケースが挙げられます。

　なぜなら，分類1や分類2に該当する場合には，繰延税金資産の回収可能

性が大きな論点となりにくいからです。分類1に該当する場合には，原則として繰延税金資産の全額について回収可能性があるものとされます。また，分類2に該当する場合には，将来減算一時差異がスケジューリング可能かどうかがポイントとなるため，見積りの要素が比較的少ないと考えられます。

また，分類5に該当する場合には，原則として，繰延税金資産の回収可能性を検討しません。そのため，翌期においても重要な税務上の欠損金が生じる見込みの有無を除けば，見積りの要素は存在しないことになります。

したがって，分類3あるいは分類4に該当する企業が繰延税金資産の残高の一定割合を占めるときには，繰延税金資産の回収可能性がKAMとして取り上げられやすいと考えられます。

このとき，スケジューリングの時期や金額が論点となるケースやタックスプランニングの実行可能性が論点となるケースよりも，将来の一時差異等加減算前課税所得の見積りが論点になるケースのほうが多いと考えられます。たとえ税務上の重要な欠損金が生じている場合であっても，それにかかる繰延税金資産の回収可能性の財源となる大きなものは，将来の一時差異等加減算前課税所得であるからです。

一時差異等加減算前課税所得は財務諸表の注記として開示される情報ではありません。ただし，KAMの内容として言及される場合，つまり，KAMを通じてその設定状況が何かしら記述される場合も想定されます。そのため，その見積りにあたっての合理性や算定プロセスは，今まで以上に慎重にすべきであると考えられます。

（4）不確実な税務上のポジション

事業を海外で展開している場合には，移転価格税制をはじめとした税務リスクを負います。また，その進出先の国や地域の税制によっては，不確実な税務上のポジションに立つこともあります。そのため，不確実な税務上のポジションに関する会計処理がKAMとして取り上げられることもあります。ここで，グラクソ・スミスクライン（GlaxoSmithKline PLC）に対する

KAMを紹介します。この会社は，グローバルな製薬会社です。グラクソ・スミスクラインが発行する「Annual Report 2018」には，2018年12月期にかかる財務諸表が掲載されています。

　これを監査したのはデロイトです。監査人による監査報告書の総ページ数は12ページです。このうちKAMの占めるページ数は５ページであり，また，報告されたKAMは５つでした。不確実な税務上のポジションに関するKAMは４番目に記載されています。それぞれのKAMは，紙面としては各１ページずつ記述されているものの，分量としては1/2程度です。

KAM事例③　不確実な税務上のポジション

【監査上の主要な検討事項の内容】

移転価格および米国の税制改革の影響の最新情報を含む，不確実な税務上のポジションの評価

　当グループは多数の国や地域で事業を展開しており，また，各地には未実施の税務調査や移転価格の問題がある。英国および海外の税務当局によって不確実な税務上のポジションが生じさせられるリスクにさらされている。引当金および偶発事象が起こり得る結果の範囲は広くなる可能性がある。税引当の適切性を評価するために，税務上のエクスポージャーおよび偶発事象の見積りに関して一定の判断を下すことが経営者に求められる。

　2018年12月31日現在，当グループは不確実な税務上のポジションに関して1,082百万ポンドの引当金を計上している（2017年―1,175百万ポンド）。

　2017年12月22日に，米国税制改革が制定された。実務に改革の原則をどのように適用するかについて，米国財務省から提供されたガイダンスは限定的であった。そのため，2017年末時点での判断が求められた。

経営者は，改革が米国事業と関連する会計記録に与える影響のモニタリングを継続した。米国の税制改革に関連する複雑さと不確実性を考慮すると，経営者は税法の判断，仮定および解釈を求められる。2018年に内国歳入庁が発表した追加のガイダンスに従って，当グループは，米国の税制改革の2017年の影響の見積りを125百万ポンド引き下げた。

　不確実な税務上のポジションの評価は，当グループの財務諸表の注記3に主要な会計上の判断と見積りとして開示されている。加えて，さらなる開示は注記14に含まれている。この問題はまた，年次報告書のコーポレートガバナンスのセクションにある監査およびリスク委員会の報告の中で議論されている。

【監査上の主要な検討事項への対応】

実施された監査手続

　税務専門家の支援を受けながら，我々は次の監査手続を実施することによって，不確実な税務上のポジションの適切性を評価した。

- 不確実な税務上のポジションの引当金を評価し，また，批判的に検討した。当グループが最大の潜在的エクスポージャーを有し，また，最高レベルの判断が必要とされる国や地域に作業を集中させた。
- 監査人が利用する移転価格の専門家を，当グループの移転価格算定方法と引当の関連アプローチのレビューに関与させた。
- 英国，米国および国際税務ならびに移転価格の専門家に，予想される成果と財務上の影響の両方に関して経営者が導き出した結論を批判的に検討することに関与させた。
- 過去の結果の実際の結果などの証拠，最近および現在の税務当局による調査と照会，入手した場合の第三者の税務アドバイス，および，関連する国や地域における市場慣行に関して監査人が利用する税務専門家の知識を考慮した。
- 米国の税制改革に関する判断の合理性を究明するために，デロイトの

米国税務の専門家を関与させた。

財務報告に係る内部統制

　我々は，納税申告書の作成と連結納税に関する主要な統制の設計，適用および運用上の有効性を検討した。

【監査およびリスク委員会に伝達された重要な所見】

　我々は，不確実な税務上のポジションおよび関連する開示に関する経営者の判断がIFRSに準拠していると確信している。手続の結果，経営者の判断は慎重で，前期から一貫しており，許容可能な範囲内にあること，また，適切に記録され続けているものと結論を下した。

　企業としては，不確実な税務上のポジションに関するKAMへの対応以前に，ビジネスとして税務リスクに対処していく必要があります。そのために，税理士や弁護士，アドバイザリーなどの税務の専門家をすでに利用しているものと想定されます。

　日本の会計基準や開示規定には，不確実な税務上のポジションに関する要求事項が明確に規定されていません。そのため，会計処理はもちろんのこと，必要な場合には追加情報としてどのように注記するかについても検討すべきケースも考えられます。

　また，監査人が不確実な税務上のポジションに関するKAMへの対応手続として，監査チームに税務の専門家を加えることがあります。また，KAM事例を見ていく中で，専門家の利用がKAMへの対応として言及されているケースも少なくありません。よって，今後，こうした税務の専門家を積極的に活用していく実務が進むことも考えられます。

4. 退職給付関連

（1）KAM事例

　退職給付に関するKAMとして紹介するのは，ロイズ・バンキング・グループ（Lloyds Banking Group PLC）に対するものです。この会社は，イギリスの銀行持株会社です。その子会社や関係会社が金融サービスを提供しています。ロイズ・バンキング・グループが発行した「Annual Report and Accounts 2018」には，2018年12月期にかかる財務諸表が掲載されています。

　これを監査したのは，プライスウォーターハウスクーパースです。監査人の監査報告書の総ページは９ページでした。このうちKAMの占めるページ数は4.5ページ，また，報告されたKAMは８つです。退職給付に関するKAMは６番目に記載されていました。他のKAMが1/3ページから１ページにかけて記述しているところ，退職給付に関するKAMは1/2ページの分量となっていました。

KAM事例④ 退職給付

> **【監査上の主要な検討事項】**
>
> **確定給付債務**
>
> グループ
>
> 70ページ（監査委員会報告書），177ページ（会計方針）および219ページ（注記35ならびに重要な会計上の見積りおよび判断）を参照のこと。
>
> 　当グループの退職給付制度の評価は，さまざまな保険数理上の仮定を参照しながら決定される。それには，割引率やインフレ率，死亡率が含

まれる。これらの制度の規模が大きいため，これらの仮定のわずかな変更が確定給付債務の見積額に重大な影響を及ぼす可能性がある。

【監査上の主要な検討事項への対応】

　我々は，会員データ，仮定の算定式，および財務報告プロセスを含む年金プロセスに関する主要な統制を理解し，また，検討した。数理計算上の仮定を決定するにあたっての統制，また，上級経営者によるそれらの仮定の承認について手続を行った。

　これらの主要な統制は，効果的に設計され，適用され，また，運用されていた。したがって，監査の目的に照らして，これらの主要な統制に依拠できると判断した。

　保険数理の専門家とチームを組み，また，経営者と経営者が利用する保険数理士と面談して，負債の計算に使用される主要な経済的仮定の決定においてなされた判断を理解した。監査人が独自に決定したベンチマークと比較することでこれらの仮定の合理性を評価し，また，経営者が使用した仮定は適切であると結論付けた。

　監査人が利用する保険数理の専門家は，経営者が利用する保険数理士によって計算された保証最低年金（GMP）平準化の影響についてテストを行った。加えて，採用されたアプローチを検討し，計算に使用された主要な仮定を理解した。この手続をサポートするために，監査人独自のGMP平準化モデリングツールを使用した。

　確定給付債務の計算に使用されたコンセンサスと従業員データをテストした。重要な場合には，当期中における縮小，終了，過去勤務費用，再測定，支払われた給付およびその他の債務の修正の取扱いについても検討した。

　得られた証拠から，年金債務の保険数理評価において経営者が使用したデータおよび仮定が適切であった。

　我々は，仮定の開示を含む財務諸表で行われた開示を読解し，また，評価した。それらは適切であった。

（2） KAMとして決定される理由

　イギリスのKAM事例では，退職給付関連の科目がKAMとして選定されているケースが少なくありません。FRCの調査で「年金」という項目は，KAMの適用初年度のランキングで8位，翌年度で7位となっています。FTSE100に挙がった会社で，かつ，2018年12月期を含む直近の決算におけるKAMでも，3割近くの会社で退職給付や年金制度に関するものが取り上げられていました。

　ここで，退職給付関連がKAMとして取り上げられていることに違和感を覚えるかもしれません。退職給付関連の科目が特にリスクが大きいと感じたこともなければ，監査人から特別な検討を必要とするリスクに該当すると指摘されたことも少ないでしょう。それにもかかわらず，退職給付関連がKAMに取り上げられているのです。

　その違和感はKAMがリスクをさらすものだという認識でいるために生じます。KAMの本来の目的は，企業のリスクを表に出すことではなく，監査のプロセスを表現することでした。これに照らすならば，慎重に監査を行った領域もKAMの候補となってきます。事実，監査基準では，特別な検討を必要とするリスクだけをKAMとする取扱いにはなっていません。会計上の見積りやワンタイム・トランザクションなどの観点も考慮することが明記されています。

　イギリスの事例では，退職給付関連の基礎率のわずかな変更が財務諸表に大きな影響を与えかねないことをKAMとして決定した理由に挙げています。また，退職給付に関連する残高の貸借対照表に占める割合が大きなことも，より影響度を高めています。このように，わずかな変更でも財務諸表に大きな影響を与えかねないために慎重に監査を進めていくのです。これが監査のプロセスにおいて重要な位置づけである場合には，KAMとして取り上げられることがあるのです。

　また，退職給付関連のKAMの中には，リスクとしては低いことを明記し

ているものもあります。こうした事例があることを知ると，KAMというのはリスクをさらすものではないことがより理解できます。

（3）KAMに該当する要因

どのような場合に，退職給付関連の科目がKAMとして決定されるかについて考えるために，この科目を退職給付債務と年金資産とに分解します。

退職給付債務の観点では，従業員が多いことが1つの要因になります。例えば，極端な賃金差がない限り，従業員1,000人の規模よりも10,000人の規模のほうが退職給付債務は当然に多額となります。したがって，従業員の数が多い場合には，KAMの候補になりやすいといえます。

この場合，退職給付債務を算定するにあたって，いくつかの見積りが必要になります。具体的には，昇給率や死亡率などの基礎率です。その中でも重要視されるものとして，割引率が挙げられます。わずかに変動しただけでも退職給付債務の算定に大きなインパクトをもたらしかねないからです。いずれにせよ，これらの基礎率が適切に設定されていることが重要なポイントとなります。

一方，年金資産の観点では，この残高が多額であることが1つの要因となります。年金資産を構成する金融商品の時価が変動するため，高騰や暴落といった水準ではなくても，財政状態や経営成績に影響を与えます。よって，年金資産が多額の場合には，退職給付関連がKAMの候補になりやすいといえます。

（4）企業としての対応

退職給付関連がKAMとして決定された場合，企業が対応すべきポイントとして，専門家の利用，委託業務，感応度分析の3つが挙げられます。

1つ目の専門家の利用とは，外部の年金数理人に退職給付債務の算定を依頼することです。企業には財務諸表を作成する責任があります。その責任は，専門家を利用したからそれで問題なしとできるものではありません。利用す

ることが適当か，専門家にどのような依頼をしたか，また，依頼内容の結果に対してどのような検討を行ったかなど，専門家の利用についての評価が求められます。

例えば，依頼内容の結果を入手した場合には，網羅性という観点から，企業が提供した従業員の数が，PBOの算定にあたって一致しているかどうかを企業側で照合する作業は最低限，必要です。この人数が漏れていたり重複したりしていると，依頼内容の結果に何の意味もないからです。

また，正確性という観点から，基礎率が適切に反映されているかどうかの検討も必要です。昇給率や退職率など企業の提示したデータがPBOの算定に用いられていることについて，企業側で結果報告書と照合する作業も最低限，必要です。

2つ目の委託業務とは，年金資産の運用に関する内部統制の検討です。自社で年金資産を運用しているわけではないため，委託先の内部統制の適否が論点となります。委託先から内部統制に関する報告書を入手するといった対応が必要になります。

もっとも，上場企業であれば内部統制報告制度が適用され，また，退職給付関連は見積項目として評価対象としているケースも少なくないでしょう。その場合には，専門家の利用や委託業務に対する統制は適切に整備され，かつ，運用されていることが評価されているものと考えられます。

3つ目の感応度分析は，第5章で説明していますので，そちらを参照してください。

この他，監査人の対応手続も説明しておきます。監査にあたって退職給付関連を重要な項目としている場合に，会社が利用する専門家とは別に，監査人が自ら利用する専門家を監査チームのメンバーとして関与させることがあります。この場合，監査人のファームの中で在籍している年金数理人が活用されている事例も少なくありません。

このように，退職給付関連がKAMとして決定された場合には，慎重な監

査を行うという観点から，監査人が利用する専門家の活用が今以上に促進されていく可能性があります。

5. 収益認識（変動対価）

（1）KAM事例

　収益認識のうち変動対価に関するKAMとして紹介するのは，ユニリーバ（Unilever PLC）に対するものです。この会社は，調味料品や化粧品をはじめとした家庭用品を製造販売しています。ユニリーバが発行する「ANNUAL REPORT AND ACCOUNTS 2018」には，2018年12月期にかかる財務諸表が掲載されています。

　これを監査したのは，KPMGです。この監査人による監査報告書の総ページ数は8ページでした。このうちKAMの占めるページ数は2ページ，また，報告されたKAMは5つです。収益認識の変動対価に関するKAMが最初に記載されています。各KAMの記述ボリュームが1/3ページから2/3ページのところ，収益認識のうち変動対価に関するKAMは2/3ページと最も多くの紙面を割いていました。

> **KAM事例⑤**　収益認識（変動対価）
>
> **収益認識**
>
> 43ページ（監査委員会報告），82ページ（会計方針），ならびに83および84ページ（財務情報）を参照のこと。
>
> **【リスク】**
> 　収益は，当グループの売上に基づいて顧客が獲得した割引，インセン

ティブおよびリベートを控除して測定される。当グループの多くの市場において，年間の売上高に基づいて認識される割引，インセンティブおよびリベートの見積りは重要であり，また，複雑で判断を要すると考えられる。合理的な結果の潜在的な範囲は，財務諸表全体の重要性よりも大きい。したがって，割引，インセンティブおよびリベートについての見積りを誤る結果として，収益が虚偽表示となるリスクがある。これは重要な判断の領域であり，また，取り決めの性質に応じてさまざまな複雑さを伴う。現地の経営者が業績目標を達成しようとして感じるプレッシャーから生じる，割引，インセンティブおよびリベートを操作する不正を原因として，収益が過大計上されるリスクもある。

　収益は，当グループの顧客がその基礎となる商品の支配を獲得したときに認識される。現地の経営者が報告期間末に業績目標を達成しようとして感じるプレッシャーから，支配の移転のタイミングを操作する不正によって収益を過大計上するリスクがある。

【対応と結果】

　我々の手続は，次のとおりである。

- 会計方針：当グループの収益認識に関する会計方針の適切性を評価する。適用可能な会計基準に照らしながら，割引，インセンティブおよびリベートに関するものを含む。

- 統制テスト：割引，インセンティブおよびリベートの計算ならびに収益認識の適正な時期に関する当グループの統制の有効性を検討する。

- 詳細テスト：年度末の前後に記録された販売取引を裏付ける文書と，年度末日後に発行された貸方票とを入手することによって，収益が適正な期間に認識されたかどうかを判断する。

- 当グループの多くの市場において，当年度のリベートの見越し額を前年度と比較し，また，関連する場合には追加的な質問と手続を実施する。

- 請求額とリベートの見越し額のサンプルが文書によって裏付けられていることを確かめる。
- 収益を計上した手作業の仕訳を批判的に評価することによって，異常または不規則な項目を識別する。
- 監査人の業種経験：当グループが事業展開している業界での監査人の経験を使用することによって，リベートの見越し額の見積りに使用される当グループの仮定を批判的に検討する。
- 予想と結果：過去の毎週の売上および返品に関する情報，ならびに，各市場についての監査人の理解を考慮しながら，傾向分析情報に基づいて当期の収益の予想を展開する。この予想を実際の収益と比較し，また，関連する追加的な質問とテストを完了させた。
- 開示の評価：収益に関する当グループの開示の適切性を考慮する。

結果
- テストの結果は満足できるものであった。割引，インセンティブおよびリベートに関連する見越額の見積りと，認識された収益の金額とは，許容可能かつ正しい期間に記録されていた（2017年：許容可能かつ正しい期間に記録されていた）。

（2）KAMとして決定されやすい理由

　収益認識がKAMとして取り上げられることに異論はないでしょう。売上高として損益計算書のトップラインに位置づけていることから，その重要性に疑う余地はありません。実際，FRCによるKAMの適用調査においても，「収益（不正以外）」という項目のランキングは，適用初年度が6位，翌年度が3位と，高い順位にランクインしていました。

　この収益認識について着目したい論点が，変動対価の見積りです。企業会計基準適用指針第30号「収益認識に関する会計基準の適用指針」第23項では，

変動対価が含まれる取引の例として次のものが挙げられています。

- 値引き
- リベート
- 返金
- インセンティブ
- 業績に基づく割増金
- ペナルティー等の形態により対価の額が変動する場合
- 返品権付きの販売

　これらは販売先の都合や意思決定によって金額が確定する性質があるため，売上高から控除される項目として見積計上されることがあり得ます。一度，取り決めた契約に基づいて決定されるケースもあれば，その後の交渉によって確定するケースもあります。これらの条件は必ずしも一律的なものではなく，また，その条件も期限も統一されたものではないことも珍しくありません。よって，会計処理そのものとしても煩雑な面が指摘できるのです。

　これらがトップラインである売上そのものを変動させる要因となるため，性質的に重要なものとして捉えることができます。しかも，特定の業種に偏った項目ではなく，幅広い業種で大なり小なり生じます。したがって，一般的にKAMとして取り上げられやすい項目になると考えられます。

(3)　該当する金額の集計

　収益認識のうち変動対価がKAMとして決定された場合に，その決定理由として，条件がさまざまであることや取引量が多いことなどが挙げられます。一方で，KAMとして取り上げた項目が，財務諸表にどの程度のインパクトを及ぼすかをわかりやすくするために，その項目の金額を記載する事例があります。紹介した事例では記載されていないものの，変動対価にかかる金額を記載することによって，損益計算書の売上高との比較で定量的な影響を理解することができるからです。

これに倣うと，売上高として計上された金額のうち変動対価として控除された金額はいくらであるかを指し示すことになります。これによって，変動対価が売上高に占める割合を算定できるため，財務諸表の利用者はその影響度を理解できるようになるのです。

　こうした金額の記載にあたっては，変動対価の金額を集計できる体制が必要です。会計システムにおいて「売上値引き」や「販売リベート」というように，変動対価にかかるものが科目として設定されている場合には，金額を即座に把握することができます。しかし，そうではない場合，変動対価の金額を記載することの要否やその集計方法について，監査人との協議が必要になるケースも想定されます。

　また，収益認識のうち変動対価がKAMとして取り上げられる場合には，それが有価証券報告書提出会社だけではなく，連結子会社にも及ぶことも考えられます。あるいは，連結子会社の変動対価だけがKAMとなる場合もあるでしょう。そうした場合には，自社の販売部門と協議するだけでは足りず，子会社の担当者とも協議をし，かつ，協力してもらう状況もあり得ます。企業グループ全体として対応できるかどうかが1つのポイントになります。

(4) 企業としての対応

　収益認識の変動対価のように，会計上の見積りは，企業としてはその計上だけに注力してはいけません。その項目が確定したときに，見積りとの差異について原因を分析する作業も必要になります。見積りの金額と確定した金額との差異について，次回の見積りに考慮すべき事項があれば，それを次回から活かしていきます。また，不要な事項があれば次回からそれを取り除いていきます。こうした見積りの精度についての確認作業が今まで以上に重要視される可能性が考えられます。

　また，収益認識にかかる変動対価がKAMとして取り上げられる場合には，内部統制報告制度における経営者評価において，売上高に至る業務プロセスの中に，この変動対価の見積りが含まれているかどうかも確認しておくべき

です。監査人が監査のプロセスの中で最も重要と考えた項目の１つとして決定されている以上，内部統制制度においても経営者評価の対象としない理由が積極的にはないからです。

　もし，従来は経営者評価の中に変動対価の見積りが含まれていなかったのであれば，これに関する業務プロセスを理解し，また，そこで行われる統制のデザインや適用状況，運用状況が有効であるかを評価することが必要になることもあります。

▌6.　収益認識（正確性）

（1）ＫＡＭ事例

　収益認識に関して正確性にフォーカスしたKAMとして紹介するのは，BTグループ（BT Group PLC）に対するものです。この会社は，イギリスで固定通信や移動体通信などの通信サービスを提供しています。BTグループが発行する「Annual Report 2019」には，2019年３月期にかかる財務諸表が掲載されています。

　これを監査したのは，KPMGです。監査人の監査報告書の総ページは９ページでした。このうちKAMの占めるページ数は4.5ページ，また，報告されたKAMは６つです。収益認識の正確性に関するKAMは，５番目に記載されています。他のKAMが1/2ページから１ページにかけて記述されているところ，収益認識の正確性に関するKAMは1/2ページの記述にとどまっています。

> **KAM事例⑥**　収益認識（正確性）

> **請求システムの複雑さによる収益の正確性**
>
> 125ページの財務情報の注記６の収益を参照のこと。

【リスク】

処理エラー：

　BTの非長期契約収益は，多数の類似の低価格取引から構成されている。当グループは，多数の別個の請求システムを運用しており，収益を支えるIT環境と請求システムの連携は複雑である。

　適切に価格体系を変えながら，複数のレートで販売されている製品が多い。製品は，固定電話のようなサービスに基づく製品と，携帯電話端末の提供のような製品を組み合わせたものである。月額料金に基づく請求，また，分単位または使用されたデータの量に応じた使用に基づく請求がある。

　収益の正確性は，監査上の主要な検討事項として決定された。それは，財務諸表監査における重要な領域であり，また，監査の資源配分に最も大きな影響を与える。重大なリスクまたは重大な監査人の判断が必要な領域としては識別していない。

【対応】

我々の手続は次のとおりである：

- 統制の設計と運用：すべての主要な収益の流れに関する統制の設計を評価し，また，その運用の有効性を検討する。次に関する統制を含んでいる。
  - 通話データ記録の過程
  - 価格変更の承認
  - 請求書の正確性
  - 現金の受領

我々の検討には，請求システムから総勘定元帳への収益取引の記録に対する統制が含まれる。

　こうした検討によって，これらの統制の設計と運用における不備を特定した。その結果，当初計画していた以上に詳細テストの範囲を広げた。

- 詳細テスト：顧客の請求書のサンプルを裏付けとなる証拠（例：注文，契約，詳細な通話記録（該当する場合），受け取った現金など）と比較する。

【結果】

我々は，非長期契約収益に関連する収益は許容可能と判断する。

(2) 財務諸表監査における重要な領域

売上高は，企業の収益性を表す指標であり，また，付加価値の財源でもあり，さらに，その他の財務項目との関係性を分析するために頻繁に用いられる項目でもあります。このように財務諸表の中で重要な位置づけであることから，財務諸表監査の実施にあたっても売上高が重要な項目として取り扱われるものと考えられます。

財務諸表監査を実施する過程において，より多くの監査資源を売上高の検討に投入していくため，監査のプロセスを表現するKAMとしても売上高の正確性が取り上げられやすくなります。売上高において変動対価のような見積りの要素が重要ではない場合には，特に正確性にフォーカスされると考えられます。したがって，販売取引の内容や条件等が複雑ではなく，主観的な要素もなく，また，引渡しの時点で売上高の金額も計上時点も確定するようなシンプルな事業を行っている企業では，該当する会計期間にわたって売上高が正確に記帳されているかどうかがフォーカスされやすくなります。

この正確性には，会計期間の中に計上すべき売上高が漏れなくダブりなく間違いなく記録されているかが観点となります。また，期末日前後における記帳に着目した場合には期間帰属という論点もあります。当期に計上すべき売上高が翌期の計上になっていないか，あるいは，翌期に計上すべき売上高

が当期に取り込まれていないかというように，然るべき会計期間に計上されている観点に重点を置くと，収益認識のうち期間帰属がKAMとして取り上げられることも考えられます。

期間帰属は，モノの引渡しで販売取引が完結するケースで論点となることもあれば，収益を翌期に繰り延べるケースや，長期契約によって複数年度にわたって収益を認識していくケースでも論点となることがあります。

（3）収益認識の正確性に関連する事例

収益認識の正確性に関連したKAMの事例について，次の3点を紹介します。

①複数の収益認識をKAMとする場合の記述方法

企業が複数の事業を展開しているときに，売上高という項目は，いくつかの事業セグメントから構成されます。また，同一の事業セグメントであっても，販売の形態が異なることもあります。

このときに，特定の販売形態についてのみ取り上げてKAMにする場合には，記述に困ることはありません。一方で，複数の収益認識をKAMとして取り上げる場合には，大きく2つの記述パターンがあります。

1つのパターンは，複数のKAMを列挙していくものです。取り上げる収益認識の数だけKAMも報告されます。

もう1つのパターンは，1つのKAMの中に複数の販売形態を記述していくものです。KAMの内容や対応を報告する中で，収益認識の形態ごとに小見出しを付して記述していきます。左の列にはKAMの内容を，また，右の列にはKAMへの対応を記述する表記方法の場合では，販売形態ごとに行を揃えることによって視覚的に対応関係がつかみやすく工夫されている事例があります。

②ITシステムへの依存度が高い場合

多くの企業では，売上計上に関する業務プロセスの過程で何かしらのIT

システムを使用しています。販売管理システムや在庫管理システム、また、会計システムへの連動など、ITシステムの種類や依存度は企業によって異なります。金融業を代表とするように、ITシステムへの依存度が高いビジネスもあります。

ITシステムへの依存度が高い場合には、収益認識の正確性をKAMとして取り上げたときに、IT統制に関わるリスクや対応についても報告されることがあります。中にはIT統制に関する不備とその是正について記述している事例もあります。よって、監査人とKAMを協議するにあたって、ITシステムを担当する部門との連携が必要になるケースが考えられます。

③開示への言及

収益認識の正確性をKAMに取り上げている事例の中には、会計処理だけではなく、財務諸表の開示が適切かどうかまでを記述しているものがあります。特にIFRS第15号「顧客との契約から生じる収益」が求める財務諸表における表示や注記が煩雑となる場合には、それが収益認識の正確性に関するKAMの中で言及されることもあれば、独立した1つのKAMとして取り上げられることもあります。したがって、日本でも、企業会計基準第29号「収益認識に関する会計基準」および企業会計基準適用指針第30号「収益認識に関する会計基準の適用指針」が求める開示についてKAMに記述されるケースが想定されます。

(4) 監査人との事前協議の必要性

収益認識の正確性がKAMとして取り上げられる場合には、収益認識に関する注記との関連に留意が必要です。

こうしたKAMでは、収益の内容についてある程度、記述される可能性があります。一方で、原則適用で考えた場合にはKAMのほうが収益認識の会計基準よりも1年早く適用されます。適用時期に違いがあるがゆえに、監査人のKAMの記述の仕方によって、企業が収益認識の注記を行うにあたって

の制約となる状況も想定されるのです。

したがって，KAMに記述される内容について，収益認識に関する会計基準が適用される際に求められる注記の内容との整合性について，監査人と事前に協議しておくことが有益です。どこまで収益認識の注記として記載するのか，また，どこまでKAMに記述されるのかについて，あらかじめ検討しておくのです。

7. 収益認識（不正リスク）

（1）KAM事例

収益認識の不正リスク対応に関するKAMとして，アシュテッド・グループ（Ashtead Group PLC）に対するものを紹介します。この会社は，アメリカやイギリスで建設機械や産業機械のレンタル事業を展開しています。アシュテッド・グループが発行する「Annual Report & Accounts 2018」には，2018年4月期にかかる財務諸表が掲載されています。

これを監査したのはデロイトです。監査人による監査報告書の総ページ数は6ページです。このうちKAMの占めるページ数は1.5ページであり，また，報告されたKAMは3つでした。収益認識に関する不正リスク対応のKAMは3番目に記載されています。それぞれの記述の分量は，いずれも1/2ページ相当です。

KAM事例⑦ 収益認識（不正リスク）

収益認識

【監査上の主要な検討事項の内容】

当グループの収益に関する会計方針の注記（注2）に開示されている

ように，損害賠償免除料および環境税を含む賃貸収入は，賃貸契約期間にわたって定額法で認識される。賃貸借契約は財務報告期間にまたがって延長することがあるため，当グループは各報告期間の期首および期末に未収収益（未請求の賃貸収益）および繰延収益を記録することによって，賃貸収益が財務諸表に適切に表示されるようにしている。

　当グループの収益収支は量が多く単価も低い取引の性質から，トップサイド（筆者注：総勘定元帳外）の仕訳あるいは未収収益（未請求の賃貸収益）および繰延収益の判断の操作を通じて，不正または誤謬による経営者の介入から生じる虚偽表示リスクを特定した。

【監査上の主要な検討事項の範囲と対応】

　監査人は，グループ全体の収益サイクルに関する統制の設計および適用の状況を評価する。また，さらにサンベルト社における収益に関する統制の運用上の有効性をテストした。

　我々は詳細テストを未収収益（未請求の賃貸収益）と繰延収益の計算に集中させてきた。その際，経営者の手法をレビューし，相当多量のサンプルとして請求書，支払い，およびクレジットノートにまでレポートの情報を遡った。期間内の変動に対して分析的手続を行い，また，ルックバック法を用いながら経営者の見積りの過去の精度を評価した。

　また，データ分析ツールを使用して，収益の収支に影響を与えるすべての手動のトップサイド調整を識別し，分析した。

【主な所見】

　監査人が実施した手続に基づき，経営者の偏りや収益勘定の操作に関する重大な例外や証拠は特定されておらず，また，記録された金額は当グループの会計方針に沿っている。

(2) 会計不正が生じた場合の対応

　収益認識のうち不正リスクに関するKAMが取り上げる状況として，会計不正が生じた場合とそれが生じていなかった場合の２つに分けることができます。

　当期中や前期以前に会計不正が生じた場合は，同様のことが繰り返して行われていないかについて，企業の内部統制としてはもちろんのこと，監査人の会計監査としても注意を払っていきます。重要な虚偽表示リスクが顕在化した領域であるため，そこに監査資源を投入していくことは自然の流れです。

　会計不正が生じたときに企業が行う不正調査では，顕在化した会計不正と同様の手法が他の拠点で生じていないかどうか，あるいは，類似した手法でその拠点あるいは別の拠点で行われていないかどうかについても調査されることが一般的です。ただし，不正調査が行われる期間は通常は１，２ヶ月程度という極めて限定された時間の中で行われるため，必ずしも会計不正のすべてを発見できるものではありません。そうした性質であるがゆえに，不正調査が完了し，また，それに対する再発防止策も進めていく一方で，同様の手法あるいは類似した手法が他にも生じていないか，あるいは，依然として行われていないかについて，注意を払っていきます。

　これに関して留意すべき点は，適時開示との関係です。重要な会計不正が生じた場合，不適切な会計処理がある可能性や発覚した旨の適時開示がリリースされます。また，会計不正に重要性がなくても適時開示を行っているケースもあります。

　しかし，その適時開示を行っていないからといって，会計不正が生じていないわけではありません。重要性が大きくないと判断したために，会計不正が起きていたとしても適時開示を行わないケースがあると考えられるからです。このケースにおいて，収益認識に関する不正リスクがKAMとして取り上げられると，KAMの内容として，会計不正が生じていた事実が記述される可能性があります。つまり，企業が適時開示によって会計不正があった事

実を公にしていないところ，監査人のKAMによってそれが知らされる状況となるかもしれないのです。

　このような未公表の事項をKAMとして報告することについて企業側の理解を得るために，監査人が，重要度の大きさを問わず適時開示を促してくることも考えられます。その適時開示の中で会計不正に重要性がないことを合理的に説明しておくことによって，KAMに収益認識に関する不正リスクが取り上げられたとしても，財務諸表の利用者に誤解を招かないよう予防できると期待できます。

　また，重要性がないとの判断から適時開示を行っていない場合には，その会計不正がそもそもKAMとして取り上げられることの要否について，監査人と協議することが適切な場合も考えられます。KAMとして取り上げるほどに，監査プロセスに監査資源を投入したのかについて意見を交換するのです。もちろん，ただ単にKAMに取り上げることを抵抗しても意味がありません。重要性がないことを示すための合理的な説明を行う必要があります。

　また，収益認識に関する不正リスクがKAMとして決定された場合，企業ができる対応はKAMとして記述される内容について協議することです。いかに財務諸表の利用者に誤解を与えないような記述にするかどうかの協議が実務上のポイントとなります。

(3) 会計不正が生じていない場合の対応

　収益認識に関する不正リスクがKAMとして取り上げる状況には，会計不正が生じていない場合もあります。これは，監査人が監基報240「財務諸表監査における不正」の要求事項に従う結果として，収益認識に関する不正リスクが必ず監査役等と協議する事項となるからです。

　監査上，収益認識は不正リスクがあると推定するものとして取り扱われます。監基報240第25項には，次のとおり規定されています。

監査人は，不正による重要な虚偽表示リスクを識別し評価する際，収益認識には不正リスクがあるという推定に基づき，どのような種類の収益，取引形態又はアサーションに関連して不正リスクが発生するかを判断しなければならない。
　　監査人は，収益認識に関する推定を適用する状況にないと結論付け，そのため収益認識を不正による重要な虚偽表示リスクとして識別していない場合には，第46項に従い監査調書を作成しなければならない。

　この規定は，要求事項として定められています。また，収益認識に不正リスクを推定しない場合には，監基報240の第46項に基づき，その理由を監査調書に記録することも求められています。そのため，業種を問わず，等しくどの企業に対しても，監査人は，収益認識に関する不正リスクを識別していくのです。また，監基報240の第26項では，不正リスクを特別な検討を必要とするリスクとして取り扱わなければならない旨が規定されています。

　一方で，特別な検討を必要とするリスクは，監査役等に伝達しなければなりません。これは，監基報260「監査役等とのコミュニケーション」の第13項に規定されています。このため，不正リスクは必ず監査役等と協議する事項に含まれることになります。

　KAMは，監査役等と協議した事項の中から絞り込まれて選定されることが監査基準に明記されています。よって，他にリスクや重点監査項目が監査役等に伝達されていない場合には，この収益認識に関する不正リスクがKAMの候補として残ってくることが理解できます。

　このことは，会計監査の論点が少ない企業の場合には，収益認識に関する不正リスクがKAMとして決定されやすいことを意味しています。会計監査の論点の数は，企業の規模とは必ずしも関連しません。そのため，大規模の企業であっても論点が少なければ収益認識に関する不正リスクがKAMとなることもあれば，小規模の企業であっても論点が多数あれば収益認識に関する不正リスク以外の事項がKAMとして決定されることもあります。

（4） 企業内での共有

　収益認識に関する不正リスクのKAMのドラフトが監査人から提示された
場合に，企業内での調整に時間を要することが想定されます。監査役等は監
査人との間でこうした議論を以前から行っているため，不正リスクの取扱い
についての理解もあり，また，積極的に話題にすることもあるため，KAM
のドラフトを提示されても抵抗感は少ないと考えられます。

　しかし，こうした不正リスクの取扱いについて認識がない経営者にとって
は，いかにも自社に不正がある前提で監査人がKAMとして報告していると
誤解する可能性があります。したがって，まずは経営者に対して，監査にお
ける不正リスクの取扱いの内容や趣旨を共有しておく必要があります。次に，
こうしたKAMのドラフトが提出された場合に，いかに財務諸表の利用者に
誤解を与えないかという観点から，KAMの記述の仕方について協議するこ
とも必要になるかもしれません。

　なお，イギリスのKAM事例のうち収益認識に関する不正リスクを取り上
げている事例の中には，監査基準の要求事項に基づき不正リスクを識別した
旨を記述したものがあります。例えば，インフォーマ（Informa PLC）に対
するKAMが挙げられます。多国籍出版とイベントを手掛ける同社が発行す
る「Annual Report and Financial Statements 2018」には，2018年12月期に
かかる財務諸表が掲載されています。

　これを監査したのはデロイトです。監査人による監査報告書の総ページ数
は12ページです。このうちKAMの占めるページ数は4ページであり，また，
報告されたKAMは3つでした。収益認識に関する不正リスクを取り上げた
KAMは最後に記載されたものです。

> **収益認識のタイミング**
>
> **【監査上の主要な検討事項の内容】**
>
> 　収益認識における重要な虚偽表示リスクの具体的な性質は，当グループの収益の流れおよび事業部門によってさまざまである。我々は，収益の期間帰属および繰延収益の適切な期間配分に関連してリスクを特定した。これは，<u>監査基準で要求されているように</u>，潜在的に不正な管理操作の領域として識別された。
>
> （以下，略）

（注：下線部は筆者が付した。）

8. 企業結合における取得

(1) KAM事例

　企業結合のうち取得に関するKAMについて紹介するのは，NMCヘルス（NMC Health PLC）に対するものです。この会社は，アラブ首長国連邦（UAE）アブダビ首長国に本拠を置く総合ヘルスケア企業として，病院やクリニックの運営や医薬品の卸売を行っています。NMCヘルスが発行している「Annual Report and Accounts 2018」には，2018年12月期にかかる財務諸表が掲載されています。

　これを監査したのは，アーンスト・アンド・ヤングです。この監査人の監査報告書の総ページ数は9ページです。このうちKAMの占めるページは2ページを少し超えています。ここに報告されたKAMは2つであり，また，企業結合のうち取得に関するKAMは2番目に記載されています。このいず

れも1ページずつ記述した分量となっています。

KAM事例⑨　企業結合における取得

【リスク】

取得の会計処理

　当グループは，当年度に行われた取得に関して，392.2百万米ドル（2017年：471.6百万米ドル）ののれんおよび94.8百万米ドル（2017年：17.3百万米ドル）の無形資産を認識した。

　当期の18件の取得のうち7件は，重要性と関連するリスクに基づいて，完全または特定の監査範囲に含まれた。

　主な監査リスクは次のとおりである。

- 契約上の取り決めは，複雑で，また，さまざまな法的環境に左右される場合がある。このため，経営者はIFRS第3号に従って，取引が資産の取得を示すのか，あるいは，企業結合を示すのかを決定するにあたって判断を下さなければならない。
- 企業結合としての取得として認識する際になされた見積りと判断は不適切である可能性がある。また，取得した資産および負債の評価が虚偽表示となる可能性がある。
- 取得として認識されるのが，投資先との関与から生ずる変動リターンに対して当グループがリスクにさらされる前，あるいは，権利を有する前となる場合がある。また，投資先に対する力を通じて，これらのリターンに影響を与えることができる。

　全体的なリスクは当期に変動していない。

【リスクへの対応】

　売買契約書およびその他の関連文書を入手し，また，レビューするこ

とによって，当年度に行われた取得の内容と条件を理解した。

　取得が資産の取得を示すのか，または，企業結合を示すのかを決定するにあたって適用された判断を評価した。これには，取得した事業体および資産が事業の継続を構成するかどうかの評価が含まれる。

　取引が企業結合の定義を満たした場合，次の手続を実施することにより，取得した資産と負債の経営者評価，および，これらと結果として生じるのれんへの購入対価の配分を監査した。

- デューディリジェンス・レポートをレビューした。
- 監査チームは，評価専門家の支援を得ながら，取得原価の配分の適切性を検証した。また，無形資産の認識の適切性を評価し，さらに，評価インプットと評価方法の検討を批判的に行った。
- 譲渡対価，および関連する条件付対価が契約上の取り決めに従って適切に計算されていることを検証した。
- 当グループが変動リターンに対してリスクにさらされているか，あるいは，権利を有しているかどうかを評価した。また，適用される規制当局の承認を含め，取得が認識された日現在，投資先に対するその力を通じてそれらのリターンに影響を与える能力を有しているかを評価した。これには，次の報告期間に早期に完了した取得の評価も含まれる。
- 取得関連費用の会計処理を含む，これらの取引の会計処理に関する連結調整の適切性を検証した。
- 取得した事業およびグループ範囲に関する前任監査人の監査調書をレビューした。

　財務諸表の開示は，欧州連合が採用したIFRSに準拠していることを検証した。

【監査委員会に伝達された主要な所見】

　我々が実施した監査手続に基づいて，手続実施上の重要性を超えるすべての取得に対する当グループの会計処理に同意する。

　2018年に完了した取得に関して企業結合の開示をレビューした。これらは適切であり，また，IFRS第3号「企業結合」の要件に準拠していると考える。

(2) KAMになりやすい3つの理由

　企業結合における取得はKAMとして取り上げられやすい項目です。その理由として，①取引金額が多額なこと，②判断や見積りが必要なこと，②ワンタイム・トランザクション（一度限りの取引）であることが挙げられます。

①取引金額が多額なこと

　企業結合における取得は，通常の商取引とは異なり，ビジネスそのものを売買するため，自ずと金額が多額になります。これは当期の財務諸表に金額的な影響を与えることがあります。また，取得の会計処理によってのれんや無形資産が計上されると，減損が必要となった場合には翌期以降の財政状態や経営成績に大きなインパクトを与える可能性もあります。

　実際，ここで紹介した事例では，のれんと無形資産とを合計した金額が487百万米ドルと記載されています。総資産が3,872百万米ドル，純資産が1,356百万米ドルであるため，それぞれに占める割合は，12.6％，35.9％と大きな位置づけとなっています。また，税金等調整前当期純利益が256百万米ドルという水準のため，のれんや無形資産の全部または一部に対して減損損失を計上することになる場合には，当期純利益への影響も少なくありません。

②判断や見積りが必要なこと

企業結合ではビジネスそのものを売買するため，関連する法規や契約上の条件などが複雑になります。会計処理にあたって，これらについて経営者の判断が必要となることも考えられます。

また，企業結合における取得の会計処理には，見積りの要素も含まれます。取得したビジネスを財務諸表に取り込むにあたって，識別可能資産や識別可能負債や識別された無形資産について評価していきます。この評価は，割引率や成長率，将来キャッシュ・フローの予測，耐用年数などの仮定に基づくため，重要な会計上の見積りとして該当することが考えられます。

③ワンタイム・トランザクションであること

M&Aを頻繁に行っている企業であっても，企業結合における取得の会計処理には判断や見積りが必要なため，販売取引のようにルーティン業務とすることが困難です。ましてや，M&Aに不慣れな企業にあっては，通例ではない取引として会計処理を誤りやすい原因にもなります。加えて，改正監査基準の前文に，KAMの決定過程において「当年度において発生した重要な事象又は取引が監査に与える影響」を考慮する旨が示されていることからも，ワンタイム・トランザクションはKAMとして選ばれやすいといえます。

さらに，日本における企業結合に関する会計基準は，2003年に新設された後に，2008年と2013年の２度にわたって大きな改正が行われています。これらの改正はIFRSとのコンバージョンを図る目的であったことから，会計基準が新設されたときの考え方から大きく転換している項目もあります。そのため，過去にM&Aを行っていた経験があったとしても，この２度の大改正をキャッチアップできていない可能性があります。実際，過年度の企業結合における取得の会計処理が誤っていたことが判明したために，有価証券報告書の訂正報告書を提出した事例があります。こうした意味でも，日本企業における企業結合の会計処理にはエラーが生じやすいリスクがあるのです。

このような3つの理由から，監査人は財務諸表監査を実施するにあたって，この論点に監査資源を投入していくものと考えられます。したがって，監査プロセスにおいて重要なものとなることから，企業結合における取得がKAMとして取り上げられやすいといえます。

（3）取得に関する論点

企業結合に関する会計処理から注記までの一連の過程は，【図表3-1】のとおり「パーチェス・ジャーニー」として示すことができます。

図表3-1 ◆ パーチェス・ジャーニー

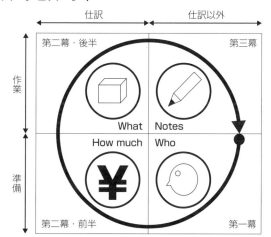

出所：竹村純也『M&A会計の実務』（税務経理協会）15頁，図表1-2

このパーチェス・ジャーニーとは，映画の脚本術でいわれる三幕構成に基づき，企業結合会計の一連の過程を図示したものです。それぞれの過程で対象とするものが仕訳か仕訳以外か，また，それぞれの過程で行う動作が準備か作業かを組み合わせることによって，4つの領域をステップ化しています。第一幕は，右下の領域になります。仕訳以外の準備として，「誰」が取得したかに着目します。ここで論点となるのは，取得企業の決定です。逆取得に

相当する場合に，論点となる可能性があります。

　第二幕は，前半と後半とに分かれます。このうち前半は左下の領域で，仕訳の準備として，「いくら」で取得したかがポイントになります。この「いくら」から除外する項目として取得関連費用があり，また，この「いくら」を変動させる要因に条件付取得対価が論点として挙げられます。

　第二幕の後半は，左上の領域になります。仕訳の作業として，「何」を取得したかが論点となります。具体的には，識別可能資産および負債を時価評価すること，企業結合における特定勘定の有無を検討すること，無形資産を識別することなどが挙げられます。これらの結果として，のれんまたは負ののれんが計上されるため，財政状態や経営成績に直接的な影響を与える過程となります。状況によっては，暫定的な会計処理という論点も生じます。

　最後の第三幕は，右上の領域になります。仕訳以外の作業として，注記を検討していきます。企業結合に関する注記は，他の会計基準で求められる注記と比較してボリュームが多い点が特徴です。また，企業結合を時間軸で捉えたときには，最初に重要な後発事象として注記をしていくことが想定されるため，記載内容も変わってきます。さらに，暫定的な会計処理を行った場合には，比較情報の取扱いも論点となります。

　このように企業結合に関する取得においては，会計処理や注記に関する論点が多岐にわたっています。これらの全部または一部がKAMの内容に記述されるものと想定されます。

（4）企業としての対応

　企業結合における取得がKAMとして取り上げられる場合には，企業として次のことを対応していく必要があります。

　M&Aをはじめとする企業結合の担当部門との連携です。企業結合は，経営企画室といった部門が企画・実行していくことが多いでしょう。そのため，実際に会計処理を行い，また，注記を作成していく経理部門に対して，事前には情報が共有されない可能性があります。買収先の選定や交渉といった下

準備の段階では当事者の双方に守秘義務が課せられるため，企業としては以前から準備していた企業結合であっても，財務諸表を作成する経理部門としては急に知らされる事象となり得るからです。

経理部門は，企業結合に関する情報に基づき，企業結合に関する会計処理や注記を行っていく必要があります。そこで，社内で企業結合に関する情報が共有された後は，その担当部署と経理部門との間で，関連する契約書や買収のためのデューディリジェンス・レポートなどの情報が共有される体制が求められます。そうした社内の体制やプロセスについて，KAMの中で監査人から言及されることも想定されます。

また，こうした情報は財務諸表監査の過程で監査人に対して提示することになるため，監査対応としても情報収集や資料整備が必要です。したがって，企業結合の担当部門と経理部門との間には密なコミュニケーションが必要となります。

なお，企業結合にあたって，企業が各種の専門家を利用する場合があります。これについては，のれんの減損に関するKAMの解説をご参照ください。

9. ITシステム

（1）KAM事例

ITシステムに関するKAMとして紹介するのは，ロイヤル・バンク・オブ・スコットランド・グループ（The Royal Bank of Scotland Group PLC）に対するものです。この会社は銀行持株会社です。子会社の銀行を通じて，個人や企業，機関投資家に対して金融サービスを提供しています。ロイヤル・バンク・オブ・スコットランド・グループが発行する「Annual Report and Accounts 2018」には，2018年12月期にかかる財務諸表が掲載されています。

これを監査したのは，アーンスト・アンド・ヤングです。監査人の監査報告書の総ページ数は10ページでした。このうちKAMが占めるページ数は6

ページを超えた程度です。7つのKAMが報告された中で，ITシステムに関するものは最後の7番目に記載されました。いずれのKAMも1ページ相当を使って記述している中で，ITシステムに関するKAMは1／2ページと短い分量でした。

KAM事例⑩ ITシステム

財務報告に影響を与えるITシステムと統制

【リスク】

IT環境は当グループの業務に複雑かつ広範な影響を及ぼしている。日々，多数の場所で処理される取引が大量であるため，また，自動化された統制とITに依拠した手作業の統制とに依拠しているためである。アプリケーションが期待したとおりにデータを処理すること，また，変更が適切な方法で行われることを確保するためには，適切なIT統制が求められる。

このような統制は，アプリケーションやデータの変更に起因する潜在的な不正や誤謬のリスクを軽減するのに役立つ。

我々の監査アプローチは，次を含むITアプリケーションと関連する統制環境に依拠している：

- アプリケーション，データベース，およびオペレーティングシステムにわたるユーザーアクセス管理
- ITの全容を変化させる変容を含む，IT環境の変更
- IT運用管理
- ITアプリケーションまたはITに依存した統制
- 第三者のサービスプロバイダーにおけるIT統制環境の評価

【リスクへの対応】

財務報告に関連するアプリケーション，オペレーティングシステム，

およびデータベースに対するIT統制の設計および運用上の有効性を評価
し，批判的に検討した。

　取引処理における自動化された統制と，手作業による統制の一部とし
て使用される関連レポートの信頼性とを評価した。これには，システム
インターフェースの完全性，データフィードの網羅性と正確性，自動計
算，および特定の入力制御を批判的に検討することが含まれる。

　我々は，財務報告にとって重要であった変革プログラムおよび独立銀
行委員会の実装に伴うシステム移行および関連技術の変化を評価し，ま
た，批判的に検討した。

　第三者のサービスプロバイダーに外部委託しているシステムを特定し
たため，第三者が作成した関連業務受託会社の統制報告書を通じてIT全
般統制を批判的に検討した。また，当グループによって実施された必要
な補完統制を評価した。

　統制の不備が特定された場合，経営者によって実施された是正活動お
よび補完統制を検討し，また，必要に応じて残存リスクを軽減すること
を評価した。

【グループ監査委員会に伝えられた主要な所見】

　年度末現在，財務報告に関連するIT統制が有効に運用されていたと確
信している。グループ監査委員会に対して次の事項を強調した。
- ユーザーアクセスに関連する不備の事実が特定された。補完統制を検
討した，あるいは，代替手続を実施した。
- クラウドプロバイダーを含む第三者から提供された一部の業務受託会
社の統制報告書に例外が記載されていた。補完統制を検討した結果，
問題はなかった。

【年次報告書の関連する参照先】

　グループ監査委員会の報告
　会計方針

(2) ITシステムに変更がある場合

　KAMに財務報告に関連するITシステムが取り上げられることがあります。ITシステムは財務諸表に明記される事項ではないものの，KAMが監査のプロセスを説明することから，ITシステムに監査の資源を重点的に投入している場合には，KAMとして報告されることがあり得るのです。

　特にITシステムを新規に導入する場合や大規模に入れ替える場合が該当する可能性があります。また，企業買収によって連結子会社化し，かつ，連結財務諸表に重要な影響を与えるグループ会社に対して，買収側の企業が使用しているITシステムに入れ替える場合も該当することが考えられます。このようにITシステムに重要な変更がある場合には，プログラムの変更が伴います。その変更がIT統制にも及ぶと，ITを含めた内部統制のデザインや運用が変更後も有効であるかどうかが，監査上の論点となります。

　財務報告に関連するITシステムをKAMとした事例では，IT統制におけるアクセス権限の管理に着目したものが少なくありません。ユーザーのアクセス権限のみならず特権ユーザーも含めて，ITシステムのデータが不当に書き換えられない状況であるかどうかが検討されています。

(3) ITシステムに変更がない場合

　財務報告に関連するITシステムがKAMとして取り上げられるケースは，それに変更がある場合に限りません。金融業のように，ITシステムによって業務処理や統制行為を行う比重が極めて高いときには，KAMとして選定される状況も考えられるからです。

　こうしたときに監査人は，電子的な記録を検証することになります。ITシステムで実施している内部統制に依存せざるを得ないため，その整備状況および運用状況が有効であることを確かめる手続に監査資源を投入していきます。これが販売取引のように企業活動のメインとなる活動である場合には，毎期，財務諸表監査において重要な領域と設定されます。

そのため，ITシステムに変更がない場合であっても，ITシステムに対する監査の実施が当期の財務諸表監査において相対的に重要性が高くなる状況があり得ます。その状況のもとでは，ITシステムがKAMとして取り扱われる可能性があるのです。

また，ITシステムを取り上げたKAMの中には，IT統制で不備があったことを選定理由に記述している事例もあります。これもITシステムの変更がなくてもKAMとして取り扱われたものとなります。

（4）企業としての対応

ITシステムがKAMとして取り上げられる場合に，企業として対応すべきことは，当該ITシステムに関する内部統制を有効に整備し，かつ，運用することに尽きます。日本の上場企業は内部統制報告制度が適用されるため，ITに関する統制も経営者評価の対象に含まれます。したがって，IT全般統制やIT業務処理統制が有効であり，かつ，それらに対して経営者評価が適切に実施されている限り，追加的な対応が必要となる状況は少ないものと考えられます。

ただし，留意すべきは，経営者評価の範囲や手続の見直しです。クラウドコンピューティングを代表とするように，IT環境は大きく変化しています。今後もこうした変化が止むことはないでしょう。こうした環境の変化を受けて，IT統制そのものはもちろんのこと，それに関連する経営者評価の対象や手続も見直す必要に迫られる状況が考えられます。新たに追加すべき事項はないか，あるいは，もはや不要となった事項はないかなどの観点からの検討が必要なこともあるでしょう。いずれにせよ，内部統制報告制度を形式的な制度対応で終わらせるのではなく，実態のあるものとして有益に活用しているのであれば，大きな追加の作業は多くはないと考えられます。

また，監査人が記述する文面に関する協議についても留意が必要です。これは，有価証券報告書の「設備の状況」における新規投資や既存投資の定量情報の他に，ITシステムに関する運用面や課題などの開示が義務付けられ

ていないことに起因しています。そのため，ITシステムがKAMとして選定されていながらも，MD&Aにリスクとして言及されていない可能性があります。この結果，未公表の情報に関する論点が生じます。

よって，ITシステムに関するKAMの記述について監査人との協議が必要となる状況も考えられます。このとき，ITシステムを担当する部門とも連携が欠かせないことは言うまでもありません。

10. KAMの活用の仕方

本章では，イギリスで開示されたKAMについて，会計上の見積り，収益認識，その他に分類したうえで紹介してきました。事例の解説に加えて，日本企業で想定される事項への言及，また，企業としての対応などについて説明してきました。こうした事例の解説を通じて，KAMが企業のリスクをさらすものではなく，監査のプロセスを説明するものであることが理解できたでしょう。

また，自社に対するKAMとして，どのような事項が選定されそうかの見当がつけられる状態にもなっていることもあるでしょう。金額的なインパクトの観点から，あるいは，会計上の見積りをはじめとした重要な勘定の観点から，しかも財務諸表に明記されていない項目に限ることなく，KAMの候補となるものを予測できるようになっているかもしれません。

こうしたKAMの理解や予測は，単なる監査対応で終わらせてはいけません。それでは財務報告への関与の仕方が受動的なものから脱していないからです。そうではなく，自社の財務報告で追加して開示すべきものの有無を検討するために，KAMを活用するのです。

そこで次の章では，監査人によるKAMの開示をきっかけとして，財務報告において自社として追加的な開示が必要になることを説明していきます。

第 4 章

従来以上の情報開示を求める
制度開示

経理部

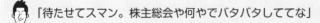

「待たせてスマン。株主総会や何やでバタバタしててな」

「で，どうだった？　各部門が関わらないとダメだとわかっただろ」

「2つの課題が理解できた。1つは，お前の言うとおり，これからの財務報告には，関係する部門や拠点が関わらなければいけないこと」

「やっぱり理解してくれたな。さすがだよ。さっそく，お前から各部門やグループ会社に展開してくれないか」

「いや，それは早い。もう1つの課題が残っている。どこかが開示の内容や深度をコントロールしないと，企業の報告のバランスがおかしくなるぞ」

「どういうこと？」

「それを説明したかったんだが，直前に，社長から招集がかかっちゃってさ。昨日のアナリストとの対話を受けて，統合報告書の内容を見直したい箇所があるらしい」

「そんなところまで社長が絡んでいるのか？」

「社長って，2年前まで経営企画室長だっただろ。その頃から統合報告の実務に関わっていたからか，自身の想いをどう報告するかに関心が強いんだ」

「そこまでコミットメントしているなんて羨ましい限りだよ」

「社長とは，年に10回以上ミーティングをしているさ。特に来年度は，新しい中期経営計画の初年度だから，社長も経営戦略や将来の見通しについて丁寧に説明したいようだ」

「有価証券報告書とは随分と扱いが違うな。こっちは取締役会に報告したらそれで終わりだからな」

「あれは，経理の書類だと思われているからだろ。BSとかPLとか」

「確かに，財務報告だから財務諸表がメインなことは間違いない。有報の後半は財務諸表で占めているからな。しかし，前半部分は経理だけじゃ無理だ。制度改正によって開示すべき内容がかなり変わっているんだよ」

「それ，一緒にすること，できないの？」

「えっ!?」

1. 未公表情報への対応

（1）未公表情報の内容

　これまでKAMの海外事例について紹介し，また，日本での適用にあたってのポイントを解説してきました。このKAMによって企業は，従来の財務報告を充実させることに迫られる可能性があります。今まで以上の開示が求められるかもしれないのです。その理由はKAMの記述の中に，企業に関する未公表の情報が含まれる可能性があるからです。

　企業に関する未公表の情報とは，監基報701第A35でいう「企業によって公にされていない当該企業に関する全ての情報」を指します。これは有価証券報告書で開示した内容以外のことを指すのではありません。口頭か書面かといった媒体を問わず，企業が提供していない情報を指します。したがって，有価証券報告書の前半部分でいうMD&Aによる記述や，適時開示で公表した内容は公表済みの情報に該当します。他にも，決算短信や決算説明資料，事業報告，あるいは統合報告なども公表済みの情報に含まれます。ただし，時間軸で考えたときには，KAMを記載した監査報告書の日付までに利用できる情報に限られます。

　一方で，KAMとは，監査のプロセスを説明するものでした。また，そこで記述する内容はボイラープレートになってはいけないという要請もあります。そこで監査基準の前文では，KAMの記載を有意義なものとするためには，財務諸表の監査に固有の情報を記述することが重要である旨が記されています。しかし，監査に固有の情報を記述するうえでは，財務諸表の作成時に使用しながらも，企業がまだ公表していない情報が含まれる可能性も否定できません。

(2) 採用する会計基準による影響

　企業に関する未公表の情報は，採用する会計基準によって影響を受けます。それをJICPAによる「KAM試行の取りまとめ」が示しています。KAMの記述と会社の開示状況との関係について，KAMのトライアルを実施した監査チームに質問した内容とその回答が，【図表4-1】のとおり，まとめられています。

図表4-1 ◆KAMの記述と会社の開示状況との関係

	合計	会計基準別内訳	
		日本基準	米国基準 IFRS
a. 監査対象の財務諸表（FS）に記載されている情報に基づき，当該会社の監査に固有の状況を記載できた。	39 (54.9%)	13 (31.7%)	26 (86.7%)
b. 財務諸表（FS）に開示のない情報ではあるが，会社が公表している情報を利用して，当該会社の監査に固有の状況を記載できた。	10 (14.1%)	8 (19.5%)	2 (6.7%)
c. 当該会社の監査に固有の状況を記載しようとすると，会社の未公表の情報を記載せざるを得なかった。	20 (28.2%)	18 (43.9%)	2 (6.7%)
d. その他	2 (2.8%)	2 (4.9%)	0 (0%)
合計（注：複数選択した回答があったため，KAMの合計数と一致しない。）	71 (100%)	41 (100%)	30 (100%)

出所：JICPA「監査報告書の透明化　KAM試行の取りまとめ」(2017年11月17日)，企業会計審議会第39回監査部会の資料1，12頁。

　ここで特徴的なのは，日本基準よりも米国基準やIFRSを採用している場合のほうが「a」と回答する割合が多い点です。米国基準やIFRSでは注記事項として求められている内容が多いことが，こうした結果となったと考えられます。

　一方で，米国基準やIFRSよりも日本基準を採用している場合，「c」と回答する割合が多くなっています。日本基準では注記事項の開示量が少ないことが裏付けられたものと考えられます。

こうした調査結果から，企業が採用する会計基準の違いによって，企業に関する未公表の情報がKAMに記述される可能性が左右されることが読み取れます。つまり，会計基準が日本基準の場合には，KAMに企業に関する未公表の情報が記述される可能性が高まると予想されるのです。

2. 二重責任の原則との関係

（1）二重責任の原則が意味する内容

監査人が企業に関する未公表の情報をKAMに記述するにあたって，二重責任の原則に抵触するのではないかという見解があります。この二重責任の原則は，日本ではよく使用されているものの，海外で明確に定義された概念ではありません。JICPAの監査基準委員会報告書（序）「監査基準委員会報告書の体系及び用語」には，次の内容が示されています。

〈二重責任の原則〉
　経営者の財務諸表の作成責任と，監査人の意見表明責任を区別することをいう。経営者は，適用される財務報告の枠組みに準拠して，財務諸表を作成する責任を有している。これに対し，監査人は，経営者の作成した財務諸表について意見を表明する責任を有している。

このように，二重責任の原則とは，経営者は財務諸表において企業の実態を適正に表示する責任があり，一方で，監査人は監査報告書において経営者が作成した財務諸表に対して監査意見を表明する責任があることを指します。この原則に基づいた場合に，企業が公表していない情報を監査人が監査報告書で記述していいのかどうか，むしろ記述してはいけないのではないか，と考えるかもしれません。KAMの導入にあたって，企業会計審議会の監査部会でもこうした議論が起こりました。最終的には二重責任の原則には抵触す

るものではないとの結論に至っています。その背景を説明しましょう。

　主体が経営者か監査人か，また，媒体が財務諸表か監査報告書かという軸で考えた場合に，二重責任の原則の関係を【図表4-2】のように整理することができます。

図表4-2 ◆ 二重責任の原則の関係図

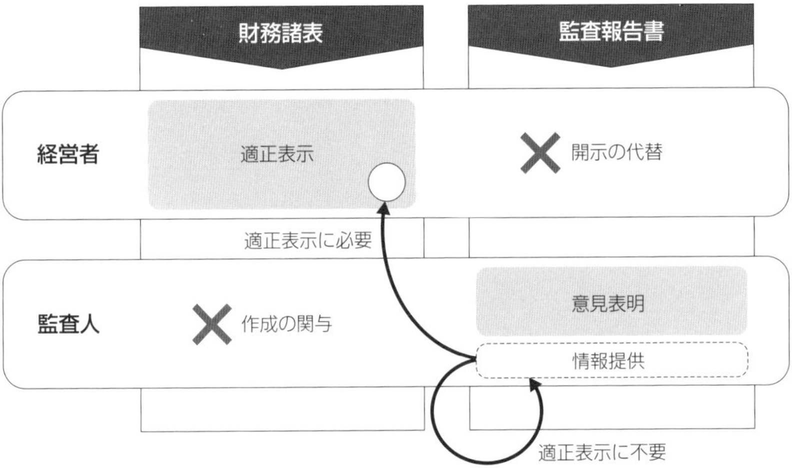

出所：筆者作成

　ここで，経営者は財務諸表に企業の実態を適正に表示し，また，監査人は監査報告書に監査意見を表明します。これらを区別することが，二重責任の原則が意味する内容です。

　この他，監査人は財務諸表の作成に関わってはいけません。自ら作成したものを監査すると，いわゆる自己監査に陥ってしまうため，KAMに限らず禁じられています。

　また，経営者は，監査報告書の記載をもって企業の実態を適正に表示することを代替してはいけません。KAMの文脈でいえば，企業に関する未公表の情報がKAMに記述される場合に，その情報が企業の実態を適正表示するために必要であれば，財務諸表に注記として開示する必要があります。これ

は監基報701第A5項にも明記されているとおりです。

（2）適正表示の考え方

　二重責任の原則では，経営者が財務諸表に企業の実態を適正に表示する責任があると説明しました。この適正表示の考え方について整理しておきます。というのも，この考え方が一般に浸透していない可能性があるからです。

　監基報200「財務諸表監査における総括的な目的」第12項では，経営者の責任の１つに，適用される財務報告の枠組みに準拠して財務諸表を作成し適正に表示することが挙げられています。ここに「適正表示の枠組み」という概念があります。経営者が財務諸表を作成するにあたり，財務報告の枠組みで要求されている個々の事項に準拠することだけではなく，適正表示を達成するために追加的な開示をする必要性があるかについて検討することも求めています。経営者には，財務諸表の開示が個々のルールに準拠していることだけではなく，財務諸表の利用者が財政状態や経営成績等を理解するにあたって財務諸表が全体として適切に表示されているかについて一歩離れて評価することまでも求められているのです。

　これは開示規則に具体的な注記を求める規定が設けられていない場合であっても，適正表示のために必要なときには注記が必要になることを意味します。実際，開示規則には，財務諸表等規則であろうと会社計算規則であろうと，いわゆるバスケット条項が定められています。例えば，「連結財務諸表の用語，様式及び作成方法に関する規則」第15条では，次のとおり規定されています。

第十五条　この規則において特に定める注記のほか，連結財務諸表提出会社の利害関係人が企業集団の財政状態，経営成績及びキャッシュ・フローの状況に関する適正な判断を行うために必要と認められる事項があるときは，当該事項を注記しなければならない。

　このように，財務諸表の適正表示のために必要な情報は，たとえ具体的な

内容の注記を求める規定がなくても，追加情報として注記しなければならないのです。

（3）未公表情報を記述したKAMと適正表示

　適正表示の枠組みが関連してくるのが，監査人が監査報告書において監査意見以外の情報を提供する局面です。【図表4-2】でいうと，「情報提供」と示した箇所です。

　二重責任の原則に照らすと，監査人が企業に関する未公表の情報をKAMに記述することが，二重責任の原則に抵触するのではないかという意見があります。監査人が企業の未公表情報を記述することは財務諸表の作成に関わることになるとして，その情報を記述すべきではないとする立場です。

　しかし，二重責任の原則は経営者と監査人との役割分担を示したものであるため，これをもって監査人が情報提供機能を果たしてはいけないと考えるものではありません。このことについては，企業会計審議会の監査部会で，監査の研究者から「監査人自らが何も情報提供をしてはいけないという，そういう制約ではない」と説明されています。また，これまでの日本の監査制度は，補足的説明事項，特記事項，追記情報というように，監査意見以外の情報提供を取り込んできた経緯もあります。つまり，過去の歴史を見ると，監査人が情報提供機能を果たすことが否定されるどころか，むしろ求められてきたといえます。

　したがって，監査人が企業に関する未公表の情報をKAMに記述する必要があると判断した場合で，その未公表情報が財務諸表の適正表示にあたって必要な情報であるときには，経営者はその情報を財務諸表に追加して記載しなければなりません。経営者が企業の実態を適正に表示するために欠かせない情報という位置づけになるため，当然に補足するものとして記載が求められるのです。

　反対に，KAMに記述された未公表情報が財務諸表の適正表示を構成するものでないと判断される場合には，KAMにだけ記述されることとなります。

このときに守秘義務の問題が生じてきます。

3. 守秘義務との関係

（1）守秘義務の内容

　企業に関する未公表の情報をKAMに記述するときに論点となってくるのは，二重責任の原則よりも守秘義務です。KAMとして企業の未公表情報を記述すること自体は可能ではあるものの，守秘義務の観点から未公表情報の取扱いについて慎重にならなければならない局面もあるということです。

　守秘義務は，公認会計士法第27条において秘密を守る義務として定められています。具体的には，次のとおり規定されています。

> 第二十七条　公認会計士は，正当な理由がなく，その業務上取り扱つたことについて知り得た秘密を他に漏らし，又は盗用してはならない。公認会計士でなくなつた後であつても，同様とする。

　こうした守秘義務は，職業的専門家としての職業倫理上，当然に求められます。ただし，この規定で「正当な理由がなく」という条件が付されている点に注意が必要です。これは，正当な理由がある場合に限っては，守秘義務が解除されることを意味しています。したがって，監査人が企業に関する未公表の情報をKAMに記述することが守秘義務に抵触するかどうかは，正当な理由の有無で判断されることになります。

　もっとも，企業に関する未公表の情報のすべてが守秘義務の対象にはなりません。2019年1月22日に「会計監査についての情報提供の充実に関する懇談会」から公表された報告書「会計監査に関する情報提供の充実について—通常とは異なる監査意見等に係る対応を中心として—」には，守秘義務の考え方が整理されています。そこでは，次のとおり記述されています。

例えば，我が国では，一般的に，企業に関する未公表の情報について，あらゆるものが守秘義務の対象になり得ると考えられる傾向があるとの指摘がある。

　しかしながら，公認会計士法においては，守秘義務の対象となるのは，企業の「秘密」に当たるものとされており，未公表の情報すべてが含まれるわけではない。

　この記述から，企業に関する未公表の情報のうち守秘義務の対象となり得るのは，企業の秘密に該当するものに限られることが理解できます。また，企業の秘密に該当する情報であっても，公認会計士法でいう正当な理由がある場合には，守秘義務が解除されることになります。つまり，監査人がKAMの中でその情報を記述することが可能な状態となっています。とはいえ，何でもKAMに記述してよいものではありません。監査人が守秘義務に抵触しないためには，次の２つを満たす必要があります。

- 企業に関する未公表の情報の記述が監査基準に準拠するうえで必要な範囲であること
- 企業と開示について十分議論を重ねること

(2) 監査基準に準拠するうえで必要な範囲

　監査基準に準拠するうえで必要な範囲の考え方は，監査基準委員会研究報告第６号「監査報告書に係るQ&A」（以下，「Q&A」という。）Q2-15に示されています。そのポイントは，「企業内容等の開示制度において開示が想定されている事項」であるかどうかです。適正表示の枠組みの観点から，財務諸表での開示が必要となる場合があります。また，その範囲として，IFRSや米国会計基準による注記の内容も参考になります。ただし，これらが定める注記がKAMの記述範囲を限定するものではないことに留意が必要です。

また，監査基準では，KAMとして報告することそのものについて，公共の利益という視点から検討することを示しています。それは次の3つのステップとして整理できます。

①ステップ1：不利益の検討

まず，企業に関する未公表の情報をKAMに記述することによって企業または社会にもたらされる不利益を考えます。「Q&A」Q2-16では，これらについて次のように解説されています。

不利益のうち会社にもたらすものについて，開示制度の目的に照らして検討します。ただし，企業の株価や資金調達への影響は，KAMとして報告する公共の利益と比較する不利益には含まれません。なぜなら，開示制度上は，本来，企業が財務諸表やその他の開示を通じて投資家をはじめとした利害関係者に伝達することが想定されているからです。

また，不利益のうち社会にもたらすものについて，国家機密，社会全体の安全と秩序の維持など，守るべき他の公共の利益との比較において検討します。しかし，それを含めなければKAMの記述が成立しない状況はほぼないと考えられます。

これらを踏まえると，KAMに未公表情報を記述することの不利益を想定しにくいといえます。

②ステップ2：公共の利益の検討

次に，KAMに未公表情報を記述することによってもたらされる公共の利益を考えます。

企業会計審議会の監査部会では，公共の利益に資するように活動することが本来のグローバルな会計専門職の位置づけであると説明がありました。これに基づくと，財務諸表利用者に対して監査の内容に関するより充実した情報が提供されることは公共の利益に資するものと推定することができます。よって，KAMと決定された事項について監査報告書に記載が行われない場

合は極めて限定的であると考えられると，監査基準では結論付けています。

③ステップ3：不利益と公共の利益との比較衡量

最後に，不利益が公共の利益を上回ると合理的に見込まれない限り，KAMとして報告することが適切だと判断します。

KAMに未公表情報を記述することによる不利益を想定することが困難であり，また，公共の利益に資するものと推定されることを踏まえると，KAMとして決定した事項を監査報告書で報告しない場合は極めて限定的であると考えられています。実務としては，KAMとして報告しないのではなく，KAMの記述の仕方を工夫することで対応していくことが想定されています。

しかしながら，取扱いに注意を要するセンシティブな情報であるのも事実です。そのため，監査人が守秘義務に抵触しないためには，もう1つの要件である企業との協議が欠かせません。

（3）企業と開示について十分議論を重ねること

監査のプロセスを示すというKAMの目的に照らすと，監査人はKAMの中で企業に関する未公表の情報を不適切に提供することとならないよう留意する必要があります。特にセンシティブな情報には注意が必要です。

具体的なセンシティブな情報については，「Q&A」Q2-15において，次のとおり例示されています。

- 会社が取引先と守秘義務を負っているような情報（製造工程や製品に関する情報，特許申請に関連する情報，新製品の開発に関する情報，取引価格に関する情報等）
- 訴訟または訴訟には至っていないが係争中の事案に関して，自己（会社）に不利益な影響を及ぼすほどに詳細な内容
- 会社の取引先などの第三者の権利を不当に侵害する内容

企業会計審議会の監査部会では，「経営者が開示したくない場合，極端な場合では経営責任の追及を避ける為に開示したくない場合が万一あれば，これはもうセンシティブ情報とはいえませんので，開示しなければならない」との発言もありました。ここで，M&Aで期待した成果が得られていない場合や巨額の設備投資に対する回収が見込みを大きく下回った場合などで，こうした状況を企業が公表していないケースを考えてみます。すると，KAMにこうした未公表情報が記述されることによって，社内外からの経営責任の追及を恐れる結果，経営者が監査人にKAMへの記述を止めさせることが想定されます。しかし，それは本人にとってセンシティブな情報かもしれませんが，「Q&A」が想定するセンシティブな情報とは異なるため，KAMへの記述を止めさせる理由にはなりません。

　監査人は，「Q&A」Q2-15に例示されたようなセンシティブな情報については，KAMに記述することに対して慎重な検討が必要です。そのため，監査人がKAMを外部に報告するにあたっては，センシティブな情報が含まれていないかどうか，また，含まれている場合にはどのように記述していくかについて，経営者や監査役等と十分な協議を重ねていくことが求められます。こうした協議や議論を通じて，KAMで企業に関する未公表の情報を不適切に提供することを防止することが可能になります。また，監査人にとっては，この協議や議論を経ることが守秘義務を解除できる正当な理由に該当することになります。

（4）未公表情報の開示に対応する場合

　監査人が，企業に関する未公表の情報をKAMに含めて記述する必要があると判断する場合があります。その場合，監査基準の前文に従って，経営者に追加の情報開示を促すとともに，必要に応じて監査役等と協議を行います。追加の情報開示は適正表示の枠組みに基づく意味で，また，監査役等との協議は守秘義務を解除する意味で必要です。

　このとき，経営者が追加の情報開示を行うパターンは2つ考えられます。

1つは適正表示の枠組みの観点から注記が必要となるパターン，もう1つは注記をしても支障がないパターンです。

①適正表示の枠組みの観点から注記が必要となるパターン

　経営者としては，未公表情報が適正表示の枠組みに基づき必要と判断される場合には，財務諸表の注記として対応していかざるを得ません。具体的には，すでに注記している内容を拡充する，または，追加情報として新たに注記することが考えられます。

　このとき，経営者が財務諸表の開示を準拠性の枠組みとして誤解していると，基本的なところで監査人との協議がつまずいてしまいます。個々のルールに準拠していることだけで財務諸表の開示が足りるという準拠性の考え方にとらわれていると，適正表示という意味が理解できないからです。これは経営者に限らず，監査役等も同様です。

　適正表示の枠組みは企業会計審議会が設定した監査基準で明確にされています。企業会計審議会に法的な位置づけがあることや各種関係者がメンバーとなって審議していること，また，公開草案として一定期間，広くコメントを募集していたことなどを踏まえると，適正表示の枠組みを知らないとは上場企業の経営者や監査役等が決して口にしてはいけません。上場企業の役員としての姿勢が疑われるだけです。

　したがって，KAMに関連して監査人から追加の情報開示を促されたときには，財務諸表の利用者が財政状態や経営成績等を理解するにあたって財務諸表が全体として適切に表示されているかという視点で検討する必要があります。

②注記をしても支障がないパターン

　企業に関する未公表の情報には，開示することに特段の問題がない内容もあれば，業界の常識というように周知の事実となっている内容もあります。このように，未公表の情報であっても開示することを厭わない内容やあまり

問題が生じないと判断される内容のときには，企業にとって追加の情報開示に応じることに抵抗がないでしょう。したがって，このようなときには，経営者が監査人からの追加の情報開示の促しに了承するものと考えられます。

(5) 未公表情報の開示に対応しない場合

経営者が監査人からの追加の情報開示の促しを受けても，それを行うことに了承しない場合も想定されます。監査基準の前文では，経営者に対して，監査人からの要請に積極的に対応することが期待されています。しかしながら，実務では，積極的には対応しないケースもあり得ます。

こうしたケースで活躍が期待されているのが，監査役等です。監査基準の前文でも，監査役等が取締役の職務の執行を監査する責任を有していることから，経営者に対して追加の情報開示を促す役割を果たすことが期待されています。企業会計審議会の監査部会でも，経営者が開示しないと言い張る場合には，監査役等が出て対応すべきだとの意見がありました。日本の監査役等は強い権限を持つため，経営者を説得するという役割が大いに期待されていると説明されています。

そこで，監査役等は，まずKAMとして取り上げることについて経営者を説得し，次にKAMの記述の仕方について協議を重ねていく手順によって役割を担っていきます。

ただし，経営者が監査人や監査役等からの追加の情報開示の促しに応えない場合であっても，KAMとしての報告を止めることはできません。これまで説明したとおり，監査人が経営者に追加の情報開示を促し，また，協議を行っている場合には，監査人が正当な注意を払って職業的専門家として判断した情報をKAMに含めることに守秘義務上の問題が生じないからです。そのためにも開示制度の趣旨を理解しておくことが重要です。

(6) KAMの参照先

監査基準の「第四 報告基準」のうち「七 監査上の主要な検討事項」2項

には，「関連する財務諸表における開示がある場合には当該開示への参照を付した」うえで，KAMの内容や対応などを記述していくと定められています。つまり，監査人がKAMとして監査のプロセスを記述するにあたって，それに関連する企業の開示と関連付ける必要があるのです。

KAMの中で参照する企業の開示は，財務諸表の注記に限られます。これは，監査基準でいう「関連する財務諸表における開示がある場合には当該開示への参照を付した」の開示の範囲が，監基報701第12項において注記事項と限定されているからです。監基報701の公開草案に対して，非財務情報やIR情報などで記載した情報への参照が不要であることの明確化を求めるコメントがありました。これを受けて，監基報701を公開草案から確定版とする際に，その趣旨がより明確になるように「財務諸表における開示」を「財務諸表における注記事項」に修正した経緯があります。

これはまた，監査意見の対象範囲を誤解させないようにする目的もあります。「Q&A」のQ2-14に，「財務諸表以外の情報を参照することは財務諸表以外の情報まで監査対象であるかのような誤解が生じることになるため，財務諸表以外の情報には参照を付さない。」と明記されています。

ちなみに，イギリスのKAMでは，その参照先は財務諸表の注記にとどまらず，アニュアルレポートの財務諸表以外の部分も対象としています。イギリスのKAMとは運用が異なる点に留意が必要です。

したがって，KAMに参照先が付されている場合には，財務諸表の注記に関連する内容が記載されていることを意味します。また，参照先が付されていない場合には，財務諸表の注記以外で関連する情報が開示されているか，あるいは，まったくの未公表情報であるかのいずれかを意味します。

本書を執筆している時点で，こうした開示の充実を後押しする制度改正が進んでいます。その1つが企業会計基準委員会（ASBJ）による会計基準の新設，もう1つが金融庁による有価証券報告書の開示の充実です。これらについて説明していきます。

4. 注記を求める動き

（1）会計上の見積りの開示を求める会計基準

2020年3月31日に，ASBJから企業会計基準第31号「会計上の見積りの開示に関する会計基準」が公表されました。これは，会計上の見積りのうち重要なものについて，財務諸表利用者の理解に資する情報を財務諸表の注記とすることを求めるものです。

この会計基準は，KAMの未公表情報と関連します。KAMは，会計上の見積りを取り扱うことが多いと見込まれています。また，KAMに，関連する財務諸表における開示への参照を付すことも求められています。そのため，「会計上の見積りの開示に関する会計基準」に基づき会計上の見積りに関する注記が充実することによって，KAMの関連する開示への参照先として活用できると期待されるのです。

このことは，経営者にとっては，監査人とKAMに関する未公表情報の議論を減らす効果を期待できることを意味します。経営者は，会計上の見積りのうち重要なものについて，この会計基準に基づき注記を行います。一方，KAMに取り上げられるほどに重要な会計上の見積りは，この注記でも取り上げられることが多いと考えられます。したがって，経営者が会計上の見積りの注記で記載した内容をもって，KAMに記述された未公表情報について監査人から開示を促されたときの対応に代替できると考えられるのです。

ただし，会計上の見積りの開示に関する会計基準は，KAMやこの後に説明する有価証券報告書の記述情報の充実とは独立して検討されました。監査制度や開示制度が改正されたとしても，会計基準まで改正する必要がないからです。そのため，これら周辺制度の見直しの内容や適用時期については足並みを揃えることなく検討が進められてきました。

したがって，会計上の見積りの開示に関する会計基準が設定された背景を

理解しておくことは，財務諸表の作成者，財務諸表の利用者，監査人ともに重要です。そこで，この会計基準の開発の背景について説明します。

(2) JICPAからの要望

ASBJは，公益財団法人財務会計基準機構内に設けられている基準諮問会議から新規テーマの提言を受けて基準開発を行います。基準諮問会議では，会計上の見積りの開示を新規テーマとして取り上げることの要否について，2年半の歳月をかけて検討を重ねてきました。そこから会計基準の公表に至るタイムラインは，【図表4-3】に示したとおりです。

会計上の見積りに関する基準開発の必要性について，基準諮問会議に最初に提案したのはJICPAでした。2016年3月に開催された第26回基準諮問会議で，見積りの不確実性の発生要因に関する開示を新規のテーマとして取り上げることを提案したのです。

JICPAでは，それ以前から，財務諸表の開示に関する会計基準の必要性を検討していました。関連する調査や研究を行い，また，その結果やそれを踏まえた考え方を研究資料として公表してきました。例えば，2015年4月に「我が国の財務諸表の表示・開示に関する検討について」とする意見募集を行う中で，優先すべき事項として注記情報を取り上げていました。具体的には，IAS第1号「財務諸表の表示」で開示が求められている見積りの不確実性の発生要因に関する注記です。IAS第1号第125項では，翌事業年度中の資産および負債の帳簿価格に重要性のある修正を生じさせる重要なリスクを有するものに関する「将来に関して行う仮定」と「見積りの不確実性の他の主要な発生要因」について，報告期間の末日における情報を注記で開示することが求められています。

それに対して日本では，見積りの不確実性の発生要因に関する注記が会計基準としても開示制度としても求められていない状況にありました。このような情報は，財務諸表の利用者が企業の財務諸表の作成の前提や重要な不確実性のリスクを把握するうえで有用であり，また，投資家と企業との対話を

図表4-3 ◆ 会計上の見積りの開示に関する基準開発のタイムライン

日付	財務会計基準機構	その他の組織体
2015年8月21日		JICPA「意見募集『我が国の財務諸表の表示・開示に関する検討について』に寄せられた意見」の公表
	〈基準諮問会議〉	
2016年3月4日	第26回 JICPAから新規テーマの提言	
2016年7月4日	第27回 論点整理等	
2017年3月14日	第29回 開示原則に関するディスカッション・ペーパーへのコメント検討を終えた後，議論を再開することを決定	
2017年3月30日		IASBディスカッション・ペーパー「開示に関する取組み－開示原則」を公表
2017年6月29日		金融庁「『監査報告書の透明化』について」
2017年11月13日	第31回 日本証券アナリスト協会から新規テーマの提言	
2017年11月17日		企業会計審議会監査部会 JICPA「KAM試行の取りまとめ」
2018年3月8日	第32回 ディスクロージャー専門委員会に検討を依頼	
2018年7月23日	第33回 検討状況の中間報告	
2018年11月12日	第34回 新規テーマとしてASBJへ提言する	
	〈ASBJ〉	
2018年11月29日	第397回 新規テーマの提言を受ける	
2018年12月13日	第398回 対応方針（案）	
2019年6月13日	第410回 開示の論点	
2019年8月26日	第415回 適用時期，文案他	
2019年9月25日	第417回 個別財務諸表への適用の再検討他	
2019年10月10日	第418回 個別財務諸表への適用の再検討他	
2019年10月25日	第419回 公開草案の公表の承認	
2019年10月30日	企業会計基準公開草案第68号「会計上の見積りの開示に関する会計基準（案）」の公表	
2020年3月31日	企業会計基準第31号「会計上の見積りの開示に関する会計基準」公表	

出所：筆者作成

促進する基礎となります。

　2015年4月の意見募集では，監査人だけでなく，財務諸表の作成者や利用者，市場関係者等から広くコメントを募集したところ，見積りの不確実性の発生要因に関する注記を求めることに賛同する意見が複数寄せられました。そこで，基準諮問会議に新規のテーマとして検討することを提案するに至ったのです。

　この提案を受けて，基準諮問会議では論点整理やアウトリーチなどの検討を進めていきます。しかし，ちょうどその頃，IASBから，ディスカッション・ペーパー「開示に関する取組み—開示原則」が公表される予定でした。そこで2017年3月に開催された第29回基準諮問会議では，これに対するコメントを検討した後に議論を再開することとしました。そのため，検討はいったんストップします。

(3) 日本証券アナリスト協会からの要望

　2017年11月に開催された第31回基準諮問会議で，日本証券アナリスト協会から，見積りの不確実性の発生要因に関する注記情報の充実が提案されました。この提案はJICPAが行っていたところ，同様の提案が日本証券アナリスト協会からも行われた形になります。監査人のみならず，財務諸表の利用者からも会計上の見積りに関する開示の基準開発の必要性が求められたのです。

　会計上の見積りの開示に関する検討が棚上げになっていた理由は，IASBのディスカッション・ペーパー「開示に関する取組み—開示原則」の様子を見ることでした。2017年3月に公表に至ったそれには，会計方針を3つのカテゴリーに識別したうえで，開示すべきカテゴリーの中に含まれたものについては，IAS第1号の第122項および第125項に記述されている重要な判断および／または仮定をすることが要求される会計方針でした。

　一方，日本では，2017年6月に金融庁から「『監査報告書の透明化』について」という文書が公表されたことを受けて，KAMの検討が具体化し始めている時期でした。KAMの実効性を担保するためには，その参照元となる

注記情報の開示が必要との認識が高まります。

このように，「見積りの不確実性の発生要因」の注記の必要性や優先度がこれまで以上に高まっていることから，日本証券アナリスト協会は注記情報の充実に関する提案を行いました。

基準諮問会議は，日本証券アナリスト協会からの提案もあったことから，見積りの不確実性の発生要因に関する開示について再度，検討を始めます。2018年7月に開催された第33回基準諮問会議では，ASBJのディスクロージャー専門委員会から検討状況の中間報告を受けます。同年11月の第34回基準諮問会議において，「見積りの不確実性の発生要因」に関する注記情報の充実を新規テーマとしてASBJに提言することを決定しました。

（4）ASBJにおける基準開発

2018年11月に開催された第397回ASBJでは，基準諮問会議から見積りの不確実性の発生要因に関する開示を新規テーマとする提言を受けたことが報告されます。ここから具体的な基準開発に着手していった結果，2020年3月に企業会計基準第31号「会計上の見積りの開示に関する会計基準」を公表するに至ります。

この開発にあたっての基本的な方針は，個々の注記を拡充させるのではなく，原則となる開示目的を示すことです。この目的に照らして，まず，当年度の財務諸表に計上された会計上の見積りのうち，翌年度の財務諸表に重要な影響を及ぼすリスクがある項目を識別します。次に，識別した項目のそれぞれについて，項目名や当期の計上金額，内容の理解に資する情報を記載します。記載にあたっては，会計基準における取扱いをそのまま転記するのではなく，企業固有の情報が説明されることが有用だと考えられています。KAMと同様に，ボイラープレートとならないように留意する必要があります。

ここで対象とされる項目として，例えば，固定資産について減損損失を認識する際の回収可能価額，繰延税金資産の回収可能性，退職給付債務の見積りなど経営上の重要な項目が該当すると考えられます。これらは，KAMと

して取り上げられやすく，また，社内や監査人あるいはアナリストとの間で議論になるような項目です。

この会計基準は，2021年3月31日以後に終了する連結会計年度および事業年度の年度末にかかる連結財務諸表および個別財務諸表から適用されます。ただし，その前の年度からの早期適用も可能です。KAMとは独立して検討を進めていたものの，結果的に「会計上の見積りの開示に関する会計基準」の適用時期は，KAMと同じ取扱いとなりました。しかしながら，2020年3月31日以後に終了する年度から，重要な会計上の見積りについての開示が求められます。それがディスクロージャーワーキング・グループの報告書を契機とした，有価証券報告書における記述情報の充実です。

5. 記述情報を充実させる動き

（1）ディスクロージャーワーキング・グループの報告書

適正な財務報告を後押しする制度改正の動きに，金融庁による有価証券報告書の記述情報の充実があります。この改正は，金融審議会ディスクロージャーワーキング・グループの報告を受けたものです。

ディスクロージャーワーキング・グループは，2017年12月開催の会合から2018年6月開催の会合まで，8回にわたって検討を重ねてきました。その結果，2018年6月28日付で「ディスクロージャーワーキング・グループ報告─資本市場における好循環の実現に向けて─」をリリースしました。この報告の主な内容は，次の3点です。

1点目は，財務情報および記述情報の充実です。これは，経営戦略や経営者による経営成績等の分析，リスク情報などを対象として，財務情報や財務情報をより適切に理解するための記述情報を充実させていく内容です。

2点目は，建設的な対話の促進に向けたガバナンス情報の提供です。役員報酬の算定方法や政策保有株式の保有状況など，企業と投資家との対話の観

点から求められるガバナンス情報を提供する内容です。

　３点目は，情報の信頼性・適時性の確保に向けた取り組みです。その内容は，監査人の継続監査期間をはじめとして，情報の信頼性を投資家が判断する際に有用な情報を充実させることとその情報を適時に提供することです。

　このような情報開示を充実させていくことによって，企業と財務諸表の利用者とが対話を行い，また，その対話から得られた内容を経営にフィードバックさせていく好循環を生み出すことを意図しています。開示，対話，フィードバックというサイクルを回していくことによって企業価値を向上させ，また，金融市場における資金の流通を活発化させていくのです。

（2） 開示はゴールではなくスタート

①ジョハリの窓

　財務諸表の利用者との対話のきっかけを提供するために，財務諸表の作成者である経営者は開示を充実させていくことが求められていると説明しました。この経営者と財務諸表の利用者との対人関係について，「ジョハリの窓」という枠組みに基づいて考えることができます。

　ジョハリの窓とは，サンフランシスコ州立大学の心理学者ジョセフ・ルフトとハリー・インガムが発表した「対人関係における気づきのグラフモデル」をいいます。２人の開発者の頭文字をとった呼び名がつけられています。これを経営者と財務諸表の利用者との関係性として示したものが，【図表4-4】です。

　経営者が気づいているか，気づいていないか，また，財務諸表の利用者に知られているか，知られていないかによって，４つの窓が作られます。

　経営者も気づいていて，かつ，財務諸表の利用者にも知られている状態が，「開放の窓」です。両者がともに共通の情報を認識している部分です。ジョハリの窓に基づけば，この開放の窓が大きければ大きいほど，良好な人間関係が築けると言われています。よって，開放の窓を大きく広げていけば，経営者としてはストレスが少なく，かつ，財務諸表の利用者とも良好な関係を築くことができるのです。

図表4-4 ◆ ジョハリの窓の財務報告への適用

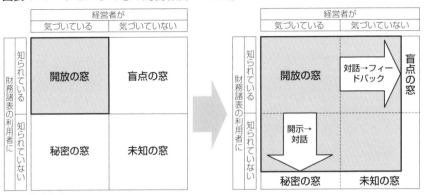

出所：筆者作成

　しかし，経営者が気づいていない部分もあれば，財務諸表の利用者に知られていない部分もあります。そこで，財務報告における開放の窓を大きくするために，「秘密の窓」と「盲点の窓」を小さくする方策がとられます。

②秘密の窓を小さくする方法

　開放の窓を大きくする方法の1つは，「秘密の窓」を小さくすることです。秘密の窓とは，経営者は気づいているものの，財務諸表の利用者には知られていない部分です。例えば，開示していない情報もあれば，対話の中で伝えていない情報もあります。秘密にしている理由は，相手からよく見られたいという気持ちが働いているからです。

　財務報告における秘密の窓を小さくしていくためには，まず開示を行ったうえで対話を行います。そうして財務諸表の利用者に伝えていない情報を財務報告として開示していくのです。その開示の仕方は，財務諸表として注記する方法もあれば，有価証券報告書の「経理の状況」以外の箇所であったり，決算説明資料であったりと，さまざまな媒体で開示する方法もあります。こうして経営者は，自身の会社の株式が金融市場で売買される金融商品だという認識のもとで，説明責任を十分に果たしていくのです。

③盲点の窓を小さくする

　開放の窓を大きくするもう1つの方法は、「盲点の窓」を小さくすることです。盲点の窓とは、経営者は気づいていないものの、財務諸表の利用者には知られている部分です。例えば、企業の外部の者から見ればビジネスチャンスやリスクと捉えられる経営環境について、経営者が認識していないことが挙げられます。また、同じく外部の目には企業の強みや弱みと映っている事項について経営者がそう思っていないことも挙げられます。自分では気づけないため、自分以外の誰かから伝えてもらう必要があります。

　そこで財務報告における盲点の窓を小さくしていくためには、対話を行ったうえでフィードバックを受けます。経営者が事業展開をしていく過程で、外部の声を参考にしたい局面もあるでしょう。そのときに、投資家をはじめとした財務諸表の利用者と対話することを通じて、他者の視点を得やすくなります。経営方針や経営環境であったり、事業等のリスクであったり、また、それらに基づく重要な会計上の見積りであったりと、対話によってさまざまな観点から何かしらのフィードバックを受ける機会が得られます。こうして得たフィードバックを経営に活かしていくのです。

④未知の窓が小さくなる

　ジョハリの窓に基づくと、経営者は開示を行ったうえで対話することで秘密の窓を小さくすることができます。また、対話を通じてフィードバックを得ることで盲点の窓を小さくすることもできます。こうして、開示、対話、フィードバックという循環が繰り返されていくことで、開放の窓が大きくなる一方、未知の窓が小さくなると期待できるのです。自社の未知の部分に気づくことができれば、企業経営の課題の突破口となり得ます。よって、経営者は主体的に情報を開示していくことが有益であると理解できます。

　したがって、財務報告における開示は、ゴールではなく、スタートであるという認識にシフトする必要があります。

(3) 会計上の見積りに関する記述情報の必要性

　財務報告における開示が対話のスタートだと認識した場合に，財務諸表の作成者である経営者としては，財務諸表の利用者と共有している情報は何かを理解する必要があります。ジョハリの窓でいう開放の窓の現状を知っておかなければ先に進めません。

①開放の窓の現状

　財務諸表の利用者と共有している情報とは，経営者が開示している情報です。もちろん，業界慣行や周知の事実といったような情報はあえて開示していないこともあります。そのように明らかに知られている情報を除くと，財務諸表の利用者と共有している情報の範囲は，経営者が開示している情報以外にはありません。

　このとき，財務諸表の利用者が現状で開示している情報によって企業を十分に理解できるとは限りません。開示されていたとしても，その開示の仕方によっては浅い理解にとどまることもあるからです。

　会計上の見積りについても，同様のことがいえます。財務諸表を開示しているため，どの項目に会計上の見積りが含まれているかを理解することはできます。固定資産の減損や税効果会計，退職給付会計，有価証券の評価など，財務諸表に表示された科目から会計上の見積りが含まれていることは読み取ることができます。しかし，それが読み取れない科目もあります。例えば，売上高という科目名だけでは，変動対価という会計上の見積りが含まれているかどうかを読み取れません。したがって，どの科目，どの項目に重要な会計上の見積りが含まれているかという情報は，財務諸表の利用者にとって有益です。

②秘密の窓の現状

　ジョハリの窓でいう秘密の窓の現状についても，あらかじめ理解しておく

必要があります。現状，財務諸表や財務報告の開示では読み取ることができない情報は何かということを特定しておくのです。

　会計上の見積りについていえば，見積りの精度が該当します。見積りと一口に言っても，ほぼ確定値に近い見積りもあれば，不確実性の高い要因が含まれた見積りもあります。こうした見積りの精度は，経営判断にあたって重要なこともあれば，業績に予期せぬインパクトを与えることもあります。現在の会計が見積りの塊となっていることから，その説明を抜きにして財務情報を正確に理解することは困難です。

　ディスクロージャーワーキング・グループの報告では，重要な会計上の見積りや仮定の説明に関する記述情報を充実させるべきであると主張されています。財務諸表への注記の記載を求めるのではなく，記述情報として開示していくことを求めているのです。また，その審議の過程では，企業の過去の成績は数字でわかるが，これからどうなるかという将来の見通しはやはり記述情報がないとわからないという投資助言会社からの指摘が紹介されていました。このことからも，記述情報を求める声が強いことが理解できます。

　したがって，財務諸表の作成者には，重要な会計上の見積りについて今まで以上に充実した開示によって，財務諸表の利用者との対話のきっかけを提供することが求められているのです。

（4）記述情報の充実を目指す改正

　ディスクロージャーワーキング・グループの報告を受けて，2019年1月31日に「企業内容等の開示に関する内閣府令」等の改正が公布・施行されました。この改正では，財務情報および記述情報の充実に関して，会計上の見積りや見積りに用いた仮定について不確実性の内容やその変動により経営成績に生じる影響等に関する経営者の認識を記載するよう求めています。具体的には，第二号様式（記載上の注意）に（32）a（g）が新しく追加されました。その規定は次のとおりです。

第二部【企業情報】 第2【事業の状況】 3【経営者による財政状態，経営成績及びキャッシュ・フローの状況の分析】

　連結財務諸表の作成に当たって用いた会計上の見積り及び当該見積りに用いた仮定のうち，重要なものについて，当該見積り及び当該仮定の不確実性の内容やその変動により経営成績等に生じる影響など，「第5　経理の状況」に記載した会計方針を補足する情報を記載すること。ただし，記載すべき事項の全部又は一部を「第5　経理の状況」の注記において記載した場合には，その旨を記載することによって，当該注記において記載した事項の記載を省略することができる。

　この改正は，「建設的な対話の促進に向けた情報の提供」を除くと，2020年3月31日以後に終了する事業年度にかかる有価証券報告書等から適用されます。このうち，重要な会計上の見積りの記載を求める改正にあたって参考にされた制度は，アメリカSECによるMD&Aに関するガイダンスです。それによれば，重要な会計上の見積りやその見積りに用いた仮定について，次の場合にMD&Aへの記載を求めています。

- 不確実な事柄に対する主観・判断の程度や，不確実な事柄の変化のしやすさに照らし，見積りや仮定の性質が重要となる場合
- 見積りや仮定が財政状態や経営成績へ与える影響が大きい場合

出所：金融審議会「ディスクロージャーワーキング・グループ」（第2回）参考資料①（米国・英国における非財務情報開示），10ページ。

　このような場合に，経営者は会計上の見積りや仮定が変化するリスクを有していることを説明する必要があります。その説明にあたっては，次のような観点で分析することが求められています。

- 会計上の見積りや仮定をどのように見積ったか
- 過去にそれらがどれほど正確だったか，また，どれほど変更されたか
- 将来に変更される可能性が高いか

（5） 海外事例の紹介

　ここで，海外企業の開示事例について具体的に紹介します。ディスクロージャーワーキング・グループの検討の過程において，海外事例として取り上げられていたのがスリーエムカンパニー（3M COMPANY）です。同社は多国籍コングロマリットとして，セーフティ＆インダストリアル，トランスポーテーション＆エレクトロニクス，コンシューマーおよびヘルスケアという4つの事業部門を有しています。

　この会社の「Annual Report 2018」では，次のとおり，MD&Aの記述が36ページにわたって記載されています。

見出し	該当頁
概要	15
業績の結果	27
事業セグメント別の業績	32
地域別の業績	38
重要な会計上の見積り	39
新しい会計基準	42
財政状態と流動性	43
金融商品	50

　一般的に，英語から日本語に翻訳するときの文字量は2倍前後になると言われています。これに照らすと，このMD&Aの記述は70ページ相当と算定されます。

　これに対して，日本の上場会社で，有価証券報告書におけるMD&Aに関する記述ボリュームが70ページを超える会社は少ないのではないでしょうか。開示府令に規定されている事項を最低限，最小限に記述している状態や，経理部や総務部，経営企画室などが原稿を作成しているために経営者の視点が十分に反映されていない状態では，文章に盛り込む素材が少なくなる分，記

述のボリュームも自ずと小さなものになってしまいます。

　ここで，スリーエムカンパニーのMD&Aの開示から「重要な会計上の見積り」を仮訳したものを紹介します。

記述情報の開示事例① 重要な会計上の見積り

（スリーエムカンパニー「Annual Report 2018」のうち「CRITICAL ACCOUNTING ESTIMATES」）

重要な会計上の見積り

　重要な会計方針に関する情報は，連結財務諸表の注記１に含まれています。注記１に記載されたように，財務諸表の作成には，資産，負債，収益および費用の報告額ならびに偶発資産および負債に関連した開示に影響する見積りおよび仮定が経営者に求められます。経営者は，過去の経験と，状況に応じて合理的であると考えられるさまざまな仮定とによる見積りに基づいており，その結果は，他の情報源から容易に明らかではない資産および負債の簿価について判断するための基礎となっています。実際の結果はこれらの見積りと異なる場合があります。

　最も重要な会計上の見積りは，訴訟，当社の年金および退職後の債務，資産の減損および法人税に関連していると考えています。上級管理職は，3Mの取締役会の監査委員会とともに，その重要な会計上の見積りの開発，選択，および開示について議論しました。

訴訟：

　当社が有する推定債務および見積債務に関する請求の種類，その未払債務の金額，および関連する保険債権の見積りは，訴訟に関連する重要な会計上の見積りです。こうした見積りについての追加的な情報は，「訴訟に関連する負債および保険債権の開示と記録のプロセス」（注記16の「訴訟」に含まれている）のセクションをご参照ください。

年金および退職後の債務：

　3Mは，実質的に米国のすべての従業員と米国外の多くの従業員とを対象としたさまざまな会社提供の退職制度を設けています。米国の主要な確定給付年金制度は，2009年1月1日付けで新規加入者に対して閉鎖されました。当社は，制度資産および給付債務を測定し，また，純期間給付費用の額を決定するにあたって，会計基準編纂書（ASC）715「報酬―退職給付」に従って，確定給付年金および退職後医療および生命保険給付制度を会計処理します。ASC715は，財政状態計算書の資産または負債として確定給付年金または退職後制度の積立不足あるいは積立超過状態を認識することを雇用者に求めています。また，株主資本を構成するその他の包括利益の累積を通じて変動が生じる年度に財政状態の変動として認識することを求めています。当社は，制度資産の公正価値を決定するために用いられる評価方法は適切であり，また，他の市場参加者と整合していると考えています。しかし，特定の金融商品の公正価値を決定するための異なる方法または仮定を使用することによって，報告日現在における公正価値とは異なる見積りとなることがあります。確定給付年金および退職後医療の債務と費用の決定に使用された保険数理上の仮定についての追加的な説明は，注記13を参照してください。

　これらの制度に関連する年金給付は，一般的には，主に各参加者の勤続年数，報酬，および退職時または解雇時の年齢に基づいています。給付債務は，測定日現在にすでに提供された勤務に対する，将来に従業員の権利となる給付の現在価値を表します。当社がこれら将来の給付の現在価値を測定するために，将来の各期間にわたる給付支払いのキャッシュ・フローを予測し，また，これらのキャッシュ・フローを12月31日の測定日まで割り引きます。このとき，予想される将来の給付を決済するタイミングと金額とが十分であるキャッシュ・フローを生み出すであろう，高品質で確定利回りの債券のポートフォリオの利回りを使用しています。勤務費用と利息費用は，それぞれ対応する債務に適用されるスポット・イールドカーブ・アプローチを使用しながら別々に測定されま

す。勤務費用は、勤務費用のキャッシュ・フローに適用される期間別のスポットレートに基づいて決定されます。利息費用の計算は、年ごとの予測給付支払いに期間別のスポットレートを適用することによって決定されます。スポット・イールドカーブ・アプローチが総給付債務の測定に影響を与えないのは、勤務費用および利息費用の変動が、その他の包括利益に記録された数理計算上の損益で相殺されるためです。

　この方法を使用して、当社は制度ごとの割引率を次のように決定しました。

（筆者注：表は省略）

　ASC715に従って当社の年金費用を決定するにあたってのもう１つの重要な要素は、期待運用収益率です。これは制度の戦略的資産配分や長期的な資本市場収益率の期待値、積極的な投資運用からの期待業績に基づきます。米国の１次適格年金制度では、2019年の年率換算の長期期待運用収益率は7.00％で、2018年の7.25％から減少しました。2018年の利率がどのように決定されたかの方法は注記13を参照してください。国際年金およびその他の退職後給付制度に対して仮定した資産収益率は、制度資産の配分および長期期待運用収益率の仮定を用いながら、制度ごとに基づいて計算されます。国際年金制度の加重平均期待収益率は、2018年の5.02％に対し、2019年は4.90％となっています。

　2018年12月31日に終了した事業年度において、当社は、すべての非勤務年金および退職後の純給付費用（決済、縮小、特別な解雇手当およびその他の後）に関連して、483百万ドルの連結確定給付型税引前年金及び退職後勤務費用、また、73百万ドルの給付を認識しました。これによって連結確定給付型税引前年金および退職後勤務費用は総額４億1000万ドルとなり、2017年の３億3400万ドルから増加しました。

　2019年に確定給付年金および退職後勤務費用にかかる費用は合計約420百万ドルと予想される一方で、非勤務年金および退職後の純給付費用（決済、縮小、特別な解雇手当およびその他の後）は約140百万ドル

の利益と予想されます。連結確定給付型税引前年金および退職後勤務費用の合計は280百万ドルで，2018年と比較して約130百万ドル減少しました。

　次の表は，制度資産の長期期待運用収益率および制度負債と2018年の純期間給付費用との測定に用いられた割引率の仮定が0.25％増減した場合の，2019年の米国および国際年金制度の年金費用への影響を要約しています。この表は，割引率イールドカーブの傾きを含め，他のすべての要因が一定であると仮定しています。

（筆者注：表は省略）

資産の減損：

　2018年12月31日現在，有形固定資産の純額は87億ドル，識別可能無形資産の純額は27億ドルでした。経営者は，連結財務諸表を作成するにあたって，実際の結果が長期にわたって現れるものに対して見積りと仮定を行います。これには，取得した事業の資産を含む，事業で使用されている長期性資産の回収可能性が含まれます。これらの見積りおよび仮定は，経営者によって厳しく監視されており，また，状況に応じて定期的に調整されています。例えば，期待される資産の耐用年数が短くなることもあれば，資産の期待された使用方法の変化や関連する資産グループの経営成績に基づいて減損が記録されることもあります。

　純額の識別可能無形資産の27億ドルのうち6億ドルは，無期限の商号，主にCapital Safetyに関連しており，その商号（取得日で5億2000万ドル）は55年以上存在しています（詳細については注4を参照）。耐用年数が確定できない無形資産（商号）の公正価値を見積るにあたって使用される主な評価手法は，割引キャッシュ・フロー法です。具体的には，売上高の見積りにロイヤリティ率の軽減が適用され，その結果の金額が適切な市場／技術の割引率を使用して割引されます。ロイヤリティ率の軽減は，市場参加者が製品を販売／生産するための権利を取得するために支払うであろう見積ロイヤリティ率です。結果の割引キャッシュ・フ

ローが無期限の無形資産の帳簿価額を下回る場合には減損が存在するため，資産価値を評価減する必要があります。2018年第3四半期の減損テストに基づき，減損は示唆されていません。Capital Safetyの商号に関連する割引キャッシュ・フローは，帳簿価額を総計で20パーセント以上，上回りました。

3Mののれんは，2018年12月31日現在，合計で約101億ドルでした。3Mののれんの減損テストは，毎年，第4四半期に行われます。のれんの減損テストは，すべてののれんが報告単位に割り当てられたうえで，報告単位レベルで行われます。報告単位は事業セグメントのレベルより1つ下のレベルですが，同じセグメント内の報告単位が類似した経済特性を有している場合には結合する必要があります。3Mでは，報告単位は部門に相当します。3Mは，減損テストのためにいずれの報告単位も結合していません。

報告単位の純資産の帳簿価額が報告単位の見積公正価値を上回る場合，減損損失が認識され，また，その損失はその差額と等しくなります。報告単位の見積公正価値は，報告単位の収益に比較可能な業界グループの株価収益率を乗じて，あるいは，割引キャッシュ・フロー分析を用いて決定されます。プラスの営業利益とキャッシュ・フローを生み出してきた長い歴史と実績を持つ安定した成長企業に対して，3Mは通常，価格／収益率アプローチを使用します。3Mが割引キャッシュ・フロー法を使用するのは，新興事業，赤字事業および衰退事業に加えて，株価収益率の評価方法で追加のレビューが必要であることが示されている事業です。3Mはまた，経済的またはその他の状況によって計画よりも遅れて成長しているかもしれない事業に対する追加的なツールとして，割引キャッシュ・フローを使用します。

注記18に記載されているように，2018年第1四半期から3Mは事業セグメント報告の変更を行いました。報告単位の変更をもたらした商品の移動について，当社は関連する報告単位ののれんへの影響を決定するために相対的な公正価値法を適用しました。2018年第1四半期中に，

当社は，この新体制により影響を受けた報告単位に対する潜在的なのれんの減損の評価を完了し，減損が存在しないと判断しました。次の説明は個別の2018年第4四半期の減損テストに関するものであり，当時存在していた報告単位の構造に関連しています。

2018年10月1日現在，3Mは24の主要報告単位を有しており，10の報告単位がのれんの約89パーセントを占めていました。これら10の報告単位は，次の部門から構成されていました：先端材料，ディスプレイ材料およびシステム，電子材料ソリューション，健康情報システム，産業用接着剤およびテープ，感染予防，オーラルケアソリューション，個人の安全，分離および精製，ならびに輸送の安全。すべての報告単位の見積公正価値は，帳簿価額を約79パーセント以上上回っていました。2018年12月31日および2018年9月30日のいずれの時点においても3Mの時価総額は，株主資本の約100億ドルを大幅に超えていました。

注記3に記載されているように，3Mは2018年にコミュニケーション・マーケット部門を分割しました。これは2018年の会社分割に関連したのれんの減少額2億7200万ドルのすべてを実質的に占めていました。

2018年，3Mは業界の株価収益率アプローチまたは割引キャッシュ・フロー分析のいずれかを使用することで公正価値を決定しました。適用可能な場合には，3Mは，他の要因の中でも異なる成長率と最終価値の仮定に基づいて加重された予測キャッシュ・フローを用いて，特定の部門に対して加重平均割引キャッシュ・フロー分析を使用しました。その重み付けは，経営者がそれぞれのシナリオが生じる可能性の見積りに基づきました。

3Mは高度に統合された企業であり，そこでの事業は技術を共有し，また，共通の基礎的な強みと能力を活用しているため，3Mの事業の多くは単独では簡単に売却することができません。3Mが研究開発に注力していることが，のれんとは関連付けられていない内部で開発された事業を含んだ3Mの価値の一部となっています。2018年第4四半期の年次テストに基づき，どの報告単位についてものれんの減損は示唆されて

いません。

　将来の減損費用が発生する可能性がある要因には，とりわけ，世界的な経済情勢の変化，競争状況および顧客の嗜好の変化，ならびに為替レートの変動が含まれます。これらのリスク要因は，本文書の項目1Aの「リスク要因」で説明しています。さらに，加重平均資本コストの変動も減損テストの結果に影響を与える可能性があります。上記のように，2018年第1四半期中に，当社は報告単位間の変更により影響を受けた報告単位に対する潜在的なのれんの減損についての評価を完了し，減損は存在しないと判断しました。資産（資産グループ）の帳簿価額を回収できない可能性があることを示唆する事象や状況ではいつでも，耐用年数の確定できる長期資産について減損の検討を行っています。将来の非現金資産の減損費用が発生した場合，3Mは，長期性資産またはのれんの一部のみが減損されると予想します。3Mは，トリガー事象またはその他の減損の兆候について，2019年も引き続き報告単位および資産グループを監視していきます。

法人所得税：

　3Mの事業の範囲には，多数の国や地域で複雑な税法を適用するにあたって不確実性と判断を扱うことが含まれます。最終的な納税額は，さまざまな国や地域の税務当局との交渉や，連邦，州，および国際的な税務調査から生じる紛争の解決を含む，さまざまな要因によって左右されます。当社は，追加の税金を支払うことになるかどうか，その範囲についての見積りに基づき，米国およびその他の国や地域で予想される税務調査の論点について潜在的な負債を認識し，また，税金負債を記録します。当社は，これらの負債を記録するため，法人所得税の不確実性に関してASC740「法人所得税」によって提供されるガイダンスに従っています（追加的な情報は注記10を参照）。当社は，事実と状況の変化に照らしてこれらの幅を調整しています。しかしながら，これらの不確実性のいくつかは複雑であるため，最終的に解決した場合には，税金負債の

現在の見積りとは著しく異なる支払いをもたらす結果となる可能性があります。当社の税金負債の見積りが最終的な評価を下回ることになった場合には，費用の追加的な負担が発生します。これらの金額の支払いが最終的に記録された金額を下回ることになった場合，負債を取り消すことによって，負債がもはや必要ではないと当社が判断した期間に認識される税務上の利益となります。

2017年第4四半期から2018年まで継続して，3Mは減税および雇用法（TCJA）の制定に関連する純税金費用を計上しました。この費用は主に，米国外子会社の未送金留保利益に対するTCJAの移行税と，3Mの繰延税金資産および負債の再測定とに関連しています。注記10で説明したとおり，この費用は2018年第4四半期に確定しました。

スリーエムカンパニーの「Annual Report 2018」によれば，最も重要な会計上の見積りは，訴訟，年金および退職後の債務，資産の減損，法人所得税の4つだと明記したうえで，それぞれについて説明を行っています。こうした説明によって，財務諸表の利用者は，経営者が何を重要な見積りと捉えているのか，また，その見積りに対して経営者はどのように対応しているのかを理解することができます。

反対に，会計上の見積りに関する説明が記述されていなければ，財務諸表の利用者は経営者が考えているものとはまったく違う解釈をしたまま投資判断を実行する可能性があります。しかも，財務諸表の利用者が間違った解釈をしていることを経営者が知らなければ，その誤解を訂正するチャンスもなく投資判断が下されてしまいます。その結果，株価が割安になってしまう可能性も否定できません。

とはいえ，こうして重要な会計上の見積りについて開示することの重要性は理解できても，いざ開示となると，難しいものではないかと構えてしまう

かもしれません。社内の決算資料までさらすような勢いで，個別具体的な内容に踏み込んだ記述が必要になると考えがちです。

　しかし，その必要はまったくありません。実際，海外企業の開示事例を見てみて，この記述レベルであれば開示に取り組めそうだとの感触を得ることもあるでしょう。求められている開示は，実務で処理を行うほどの詳細なレベルではなく，経営者がどのように考え，また，どのように対応しているかという方向性が見えるレベルでの記述です。反対に，このレベルでさえ開示していない企業が日本では多いということです。

（6）記述情報の好事例集

　有価証券報告書における記述情報の充実を図る改正を受けて，金融庁では2019年3月に「記述情報の好事例集」を公表しています。これまで金融庁は規制当局として，開示制度に関する規則を制定する役割までを果たす一方で，整備された後どのように運用していくかについては民間側で考えるといった役割分担で進んでいました。しかし，今回の記述情報に関する改正では，金融庁が率先して日本企業の開示事例からベストプラクティスと考えられるものを集めて公表しているのです。

　こうした取り組みは，イギリスのFRCによる活動を参考にしています。FRCは開示のさらなる充実を促すために，2011年に財務報告ラボというものを立ち上げました。そこで，開示のさらなる充実に向けた実務対応を議論しています。これに倣って，日本の金融庁でも記述情報の好事例集をリリースするに至ったのです。

　この事例集は，一度，公表したきりで終わりではなく，随時の更新を予定しています。こうしたベストプラクティスの積み上げが浸透することで，企業の開示がより改善していくことを目指しているのです。次の章では，この記述情報の好事例集をベースにしながら，具体的な開示の仕方について考えていきます。

効果的な情報開示は
ここが違う

経営企画室

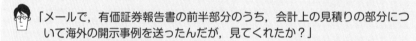

「メールで，有価証券報告書の前半部分のうち，会計上の見積りの部分について海外の開示事例を送ったんだが，見てくれたか？」

「調べて翻訳したのは，私ですけどー」

「ああ，見たよ。記載ボリュームもすごいが，内容も時折，踏み込むような記述もあったな」

「だから，関連する部門にやってもらわないとダメなんだよ」

「それはそうだけど，誰かがとりまとめなきゃ。というより，ここまで開示するなら，社長にも関わってもらう必要があるぞ。しかも，かなり早い段階から」

「じゃあ，お前のところが良いな。統合報告のように経営企画室がとりまとめる形で動いてくれ」

「わあ，丸投げだ〜」

「お前，昔から変わらないな。そうやって逃げるところ」

「逃げてなんかない。組織の最適化を考えてのことだ」

「俺は経営全般の動きを把握していても，経理の専門的なことはわかっちゃいない。今回は有報なんだから，経理や財務を理解している奴がリーダーシップを発揮しないと。それくらい，わかるだろ」

「俺が動こうとしても，伊武部長が潰すに決まっている。この前の記述情報だって，そうだった」

「それは，お前が他の部門にやらせようとするだけだからだろ。財務諸表以外は知らんという態度じゃ，誰も協力してくれない。伊武さんも，そこが気に入らないんじゃないか」

「何も知らないくせに勝手なことを言うな。おい，広末，経理部に戻るぞ」

「あ〜，勝手に帰っちゃった。小木さん，ごめんなさい」

「いつものことだ。それより，お願いがある。有報の前半部分について，日本企業で充実した開示をしている事例を探してくれないか」

「もう用意してまーす。はい，どうぞ！」

「早っ。ところで，君からもらう資料はなぜいつも丸まっているの？」

1. 参考となる記述情報がすでに開示されている

（1） 注記と記述情報の関係

　これまでの説明で，監査人によるKAMをきっかけとして，企業が追加的な情報開示を行う可能性があると指摘してきました。また，その開示は会計上の見積りに関する内容であることが多いと想定されます。このとき，有価証券報告書の中で情報提供を完結しようとするならば，財務諸表の注記として対応するか，あるいは，MD&Aという記述情報として対応するかが考えられます。

　一方で，ASBJは企業会計基準第31号「会計上の見積りの開示に関する会計基準」を公表しました。この適用によって，不確実性の高い会計上の見積りについて，その項目や金額，財務諸表の利用者の理解に資する情報を説明することが求められます。

　この注記によって，財務諸表の利用者は重要な会計上の見積りについて理解が深まります。とはいえ，経営者による会計上の見積りのプロセスまで理解できない可能性も考えられます。こうした状況を補完するために，財務諸表以外の箇所で重要な会計上の見積りに関する記述情報を開示していきます。この重要な会計上の見積りに関する記述情報は，2020年3月期以降にかかる有価証券報告書から開示が求められています。

（2） アメリカで上場している日本企業の開示

　記述情報の拡充を図る改正にあたって，重要な会計上の見積りに関して参考にされたのは，海外での取扱いです。具体的には，アメリカの証券取引委員会（SEC）のガイダンスでした。このガイダンスに従って開示しているアメリカの企業は，重要な会計上の見積りについて記述情報をすでに開示しています。

日本企業でもアメリカ市場に上場している場合には，SECにフォーム10-Kと呼ばれる年次報告書を提出しなければなりません。そこには，重要な会計上の見積りの記述情報も当然に記載する必要があります。これは，すでにこのガイダンスに基づいて重要な会計上の見積りに関する記述情報を開示している日本企業が存在していることを意味します。

　そのため，重要な会計上の見積りの記述情報に取り組むにあたって，アメリカで上場している日本企業の有価証券報告書に記載された記述情報を参考にすることができます。2018年3月期までの決算を対象とすると，SEC基準に基づいて有価証券報告書の連結財務諸表を作成している日本企業は20社でした。

　しかし，この20社分の記述情報のすべてを参考にできるとは期待できません。なぜなら，アメリカでSECに提出するフォーム10-Kに記載された内容が，必ずしも有価証券報告書に記載されるとは限らないからです。これに関連した指摘が，2018年4月23日に開催された第5回ディスクロージャーワーキング・グループの議事録に記されています。日本企業がグローバルオファリングするにあたって，日本の目論見書に比べてアメリカの英文の目論見書のほうが，より詳細に記載されている場合が多い印象だというのです。

　提出先によって記載内容が異なる理由としては，規定の違いにもよるのと推測されます。例えば，重要な会計上の見積りについての記述が規定で明確に求められていなければ，あえて記載することはしない，という姿勢です。実際，この20社の有価証券報告書における記述情報を閲覧しても，その濃淡は明確にあります。つまり，アメリカで上場している日本企業だからといって，そのすべての会社の記述情報を参考にできるものではないのです。もっとも，2020年3月期以降は有価証券報告書にも重要な会計上の見積りについての記述情報が必須となるため，SECに提出したフォーム10-Kの記載と同じになると見込まれます。

（3） 事例の選定

　本章では，KAMをきっかけとした追加的な情報開示として，重要な会計上の見積りの記述情報を充実させていくために，米国基準を適用する日本企業の有価証券報告書を調査しました。まず，重要な会計上の見積りが記述情報として掲載されている事例を調べ，次に，掲載されている記述情報のうち追加的な情報開示として参考になるものをピックアップしました。

　この結果，「のれんの減損」「感応度分析」「繰延税金資産の回収可能性」「収益認識における見積り」「見積りの精度に言及した開示」を選定しました。この中には，金融庁が公表している記述情報の好事例集で紹介されているものもあります。これらの順に事例を紹介するとともに，開示にあたって必要となる取り組みなどにも言及していきます。

2.　のれんの減損

（1） 事例の紹介

　のれんの減損に関する記述情報として紹介したいのは，株式会社NTTドコモの記載です。2018年３月期にかかる有価証券報告書における「経営者による財政状態，経営成績及びキャッシュ・フローの状況の分析」の箇所で，「(3) 最重要な会計方針及び見積り」という見出しの中の「(c) 営業権及び非償却対象の無形固定資産の減損」に記載されていました。

　この記述情報は，のれんの減損に関する会計上の見積りに関するプロセスを，しかも定性的に説明するものとして参考になります。この内容で，2013年３月期から2018年３月期までの６年間，開示されていました。

　なお，2019年３月期では，適用する会計基準が米国会計基準からIFRSへと切り替わったことが影響しているのか，連結財務諸表の会計方針を参照させる記載に変わりました。その参照先には2018年３月期まで記載されていた

内容が引き継がれていません。

のれん等の減損

… （略） …。

　当連結会計年度末及び前連結会計年度末において報告単位である国内通信事業は，1,273億円の金額的に最も重要な営業権を有しており，通信事業セグメントに含まれています。当該報告単位の公正価値は，減損テストの第一段階の手続において，十分に簿価を超過していると判定されています。また，当連結会計年度末及び前連結会計年度末において，その他の報告単位が有する残りの営業権の公正価値も，簿価を十分に超過しているか，またはその簿価に重要性がないと考えています。報告単位の公正価値は，主に将来の事業計画に基づいた割引キャッシュ・フロー法により見積もられ，その計画は過去実績や最新の中長期的な見通しをもとに作成されていますが，現時点で予期しない事象により将来の営業利益が著しく減少した場合，当該報告単位の予測公正価値に不利な影響を及ぼすことがあります。

　当連結会計年度及び前連結会計年度においては，子会社に係る報告単位の営業権の減損損失としてそれぞれ89億円，100億円を計上しました。報告単位の公正価値は，割引キャッシュ・フロー法とマーケット・アプローチを併用しながら測定しています。

（注）下線は筆者が付した。

(2) 事例の解説

　この事例のポイントとして，「資産グループごとの記述」「減損テストのステップごとの記述」「定性的な記述」の３つが挙げられます。

①資産グループごとの記述

　紹介した事例では，国内通信事業とその他の報告単位ごとに説明されています。なお，SEC基準に基づき連結財務諸表が作成されているため，のれんの減損の判定プロセスが日本の基準とは異なる点に留意が必要です。ここでいう「報告単位」は，日本の基準でいう「資産グループ」に相当します。

　また，その説明は，減損判定にあたっての資産グループの最も重要な営業権，すなわち，のれんを有している報告単位から始めています。重要度に応じた順番で説明している点が財務諸表の利用者にとって有益です。

　なお，減損判定にあたって代表的な資産グループが複数ある場合には，この事例のように，資産グループごとに説明していく方法が考えられます。こうすることによって，財務諸表の利用者は減損判定のプロセスを網羅的に理解することができるからです。

　一方で，金額的なインパクトを与える資産グループについてのみ説明していく方法も考えられます。このとき，関連するのれんの残高を明記するといった工夫があると，当該資産グループの占める割合から財政状態や経営成績に与えるインパクトを財務諸表の利用者が推測しやすくなります。

②減損テストのステップごとの記述

　紹介した事例では，減損テストについてステップごとに説明が行われています。米国会計基準における減損テストでは，第1段階の手続として公正価値が報告単位の簿価を下回っていないかどうかを判定します。それが下回っている場合には第2段階の手続として，のれんの公正価値がのれんの簿価を下回っていないかどうかを判定します。それが下回っているときに減損損失が計上されます。

　この事例では，国内通信事業という報告単位では，その公正価値が十分に簿価を超過していると記述しています。金額的に最も重要なのれんについて，減損テストの第1段階で問題がなかったと説明することによって，財政状態や経営成績へのインパクトが大きくないことを示しています。

また，その他の報告単位では，のれんの公正価値がのれんの簿価を十分に超過しているか，または，その簿価に重要性がないと記述しています。減損テストの第1段階で問題がなかったか，あるいは，第2段階まで進んでいたものの重要性がないために，財政状態や経営成績に与えるインパクトは小さいことを示しています。

③定性的な記述

紹介した事例では，減損テストのプロセスについて，基本的に定性情報で説明しています。定量情報は，営業権の金額しか記述されていません。公正価値がいくらと算定されたのか，簿価よりもいくら超過しているのかといったことまで定量的に示していないのです。しかし，このような記述であっても，財務諸表の利用者は減損テストの第1段階あるいは第2段階のステップで減損判定の状況を理解できるのです。

ここから学べるのは，日本の減損会計でいえば，例えば営業キャッシュ・フローや時価といった金額，割引前将来キャッシュ・フローの金額などに言及しなくても減損判定のプロセスを説明できることです。説明の仕方を工夫することによって，定量情報を用いずとも，財務諸表の利用者が状況を理解できる記述情報を作成することができるのです。これは監査人が作成するKAMの記述でも同様のため，KAMの協議においても参考にできます。

なお，記述情報の最後で，実際に計上された減損損失の金額のみに言及しています。これについては連結財務諸表の注記があるため，これ以上の補足説明が不要と判断しているものと考えられます。

(3) 日本基準に基づく記載の仕方

紹介した事例が米国会計基準に基づいていたことから，日本の減損会計に基づく場合には，記述情報の記載の仕方が変わってきます。そこで，日本基準に基づき，記述情報を作成するためのヒントを解説していきます。

日本の減損会計では，次の3つのステップを経て減損損失が計上されます。

1つ目のステップで減損の兆候があるかないかを検討し，2つ目のステップで割引前将来キャッシュ・フローが簿価を超えるかどうかを判定し，3つ目のステップで減損損失を測定し計上します。

減損会計の記述情報は，このステップに基づくと，まず，資産グループごとに減損の兆候の有無を記載していきます。次に，減損の兆候がある資産グループについて，割引前将来キャッシュ・フローがその簿価を超過しているかどうかを定性的に記載します。最後のステップまで進むと減損損失が計上されるため，財務諸表に関連する注記を記載しなければならないことから，記述情報として詳細に説明する必要は乏しいものと考えられます。

このとき，すべての資産グループについて記述する方法もあれば，主要な資産グループにフォーカスして記述する方法もあるでしょう。また，その記載の順番は，金額的な重要性を踏まえて記述していく方法も考えられます。

（4）減損判定のプロセスを示す意義

のれんの減損判定について定性的に記述していく大きなメリットは，財務諸表の利用者に誤解されない点にあります。

経営者や財務報告の責任者の中には，減損判定のプロセスを記述していくことを嫌がる人もいるでしょう。自社の経営にとってネガティブな情報を開示したくないからです。この姿勢の大きな問題点は，財務諸表の利用者が，企業の開示した情報のみでしか判断しないという誤解です。

企業に関する情報には，経営者が開示することに積極的な事項もあれば，消極的な事項もあります。しかし，財務諸表の利用者が同じように捉えるとは限りません。その立場によって，同じ情報に対して異なる反応をみせる場合があるからです。例えば，のれんの減損に関する情報であれば，損失が計上されたことを嫌う人がいる一方で，将来の償却負担や減損リスクが軽減されたことを喜ぶ人もいます。このように，経営者がネガティブな情報だと捉えて開示した場合でも，財務諸表の利用者としてはポジティブな情報として受け取ることがあるのです。

また，双方にとってネガティブな情報であったとしても，開示をすること
によって両者の対話を促す効果が期待できます。適切に開示を行ったうえで
財務諸表の利用者と対話をしていくことが，企業の財務報告に求められてい
るのです。

3. 感応度分析

（1）定義

　記述情報の作成にあたって，ぜひ押さえておきたい手法を紹介します。そ
れは感応度分析です。これは企業による記述情報のみならず，第3章で触れ
たように，監査人によるKAMの記述の中にも登場することのある用語でした。
　感応度分析とは，ある変数の変動をシミュレーションするものです。感度
分析とも呼ばれます。企業の人材や組織能力開発について研修やコンサルテ
ィングを行っている福澤英弘氏の『定量分析実践講座―ケースで学ぶ意思決
定の手法』では，次のように定義されています。

> 　経営上の変数が，ある一定の振れ幅を取ったときに，求めたい結果がどの
> 程度変化するか，その影響度を測定し，意思決定に活用すること。最悪のケー
> スを把握しておく目的でなされることも多い。

　この感応度分析を会計上の見積りについて適用するのです。会計上の見積
りを行うにあたって，キーとなる要因があります。例えば，減損会計の場合
には将来キャッシュ・フローが，また，退職給付会計の場合には割引率が挙
げられます。このような財務諸表に反映された会計上の見積りについて，そ
れとは違うシナリオにおける財政状態や経営成績へのインパクトを示すので
す。
　感応度分析という用語は日本のどの会計基準にも登場しない，定義が与え

られていない言葉です。経営管理の手法としての一般用語といえます。なお IAS第19号「従業員給付」145項には，報告期間の末日時点の重要な数理計算上の仮定のそれぞれについての感応度分析をはじめとした開示を求める規定があります。ただし，定義を示すことなく用いられています。

　一方，日本の監査の実務指針では，財務諸表を作成する立場にある経営者が採用する方法の１つとして，感応度分析を挙げています。JICPAの監基報540「会計上の見積りの監査」のA102項に，次のとおり言及されています。

… （略） …
　経営者が採用する可能性がある方法の一つは，感応度分析の実施である。感応度分析には，異なる仮定を使った場合に会計上の見積りの金額がどれだけ変動するかに係る判断が含まれることがある。公正価値で測定される会計上の見積りについても，異なる市場参加者が異なる仮定を使用することにより，ばらつきが生じることがある。経営者は，感応度分析により「悲観的」シナリオや「楽観的」シナリオなどの複数の結果の範囲を想定することがある。

　これらから，感応度分析とは，財務報告の文脈において，会計上の見積りについて異なる仮定や前提をシミュレーションするものと捉えることができます。

(2) 事例紹介

　日本企業の中には，有価証券報告書の記述情報において感応度分析を示している事例があります。ここで紹介したい事例は，ソニー株式会社の営業権の減損損失に関する記述情報です。2019年３月期にかかる有価証券報告書における「経営者による財政状態，経営成績及びキャッシュ・フローの状況の分析」の箇所で，「(1) 重要な会計方針及び見積り」の中の「営業権及びその他の無形固定資産」に記載されています。

　この記述情報は，少なくとも2004年３月期にかかる有価証券報告書から掲

載されています。本書を執筆している時点から直近の2019年3月期までに，少なくとも16年は開示し続けています。

感応度分析（のれんの減損）

… （略） …，2018年度の減損判定における，ソニーの報告単位の公正価値への影響に関する感応度分析を含む重要な前提の検討は下記のとおりです。

- 割引率は7.1%から10.6%の範囲です。他の全ての前提を同一とし，割引率を１％増加させた場合においても，営業権の減損損失を認識することはありませんでした。
- G&NS分野，IP&S分野，MC分野，半導体分野，金融分野及びその他分野の報告単位におけるターミナル・バリューに適用された成長率はおおよそ0%から1.5%の範囲です。音楽分野の報告単位における中期計画を超える期間の成長率は0%から7.4%の範囲，映画分野では3.0%から4.5%の範囲です。他の全ての前提を同一とし，成長率を1%減少させた場合においても，営業権の減損損失を認識することはありませんでした。
- 映画分野の報告単位におけるターミナル・バリューの算定に使用される利益倍率は9.0から10.0の範囲です。他の全ての前提を同一とし，利益倍率を1.0減少させた場合においても，営業権の減損損失を認識することはありませんでした。

マネジメントは，営業権の減損判定に使用した公正価値の見積りに用いられた前提は合理的であると考えています。しかしながら，将来の予測不能なビジネスの前提条件の変化による，将来キャッシュ・フローや公正価値の下落を引き起こすような見積りの変化が，これらの評価に不利に影響し，結果として，将来においてソニーが営業権及びその他の無形固定資産の減損損失を認識することになる可能性があります。

（注）下線は筆者が付した。

紹介した事例では，割引率や営業成長率などについて示した割合で変動しても減損損失を認識することがないと記述しています。このような感応度分析によって，財務諸表の利用者は，会計上の見積りに対して大きな影響を与える要因は何か，また，その要因の振れ幅によって財政状態や経営成績にインパクトを与えるかどうかを理解することができます。

　また，感応度分析では，財政状態や経営成績に与える影響を具体的な金額として明示する記述の仕方と，それを明示しない記述の仕方があります。紹介した事例のように，減損損失の場合には，減損損失を認識するかどうかの水準が提示されていれば，たとえ影響額まで記述しなくても，財務諸表の利用者は会計上の見積りの状況を理解できるのです。つまり，指標の振れ幅だけを定量的に示せば，減損損失の識別の有無は定性的に示すことができるのです。

（3）感応度分析の意義

①財務諸表の作成者にとっての意義

　感応度分析を開示することは，財務諸表の利用者にとって理解が深まると同時に，財務諸表の作成者にとっても意義があります。会計上の見積りについて，たった１つのパターンに賭ける必要がないからです。これは，作成者として安心感が得られるものと考えられます。

　現在の企業会計は，見積りの塊となっています。会計上の見積りについて会計処理を行うためには，たった１つの仮定や前提に基づかなければなりません。将来キャッシュ・フローはいくら，割引率は何パーセントというように，何か１つの金額や割合を設定しなければならないのです。

　会計処理を行うときに，金額や割合などに複数のシナリオを用いると，複数の会計処理が生じてしまいます。期待値を算定する過程で複数のシナリオを用いることはあっても，会計処理を行うためには，最終的に１つの金額や割合として設定しなければなりません。

　財務諸表の作成者は，会計上の見積りについて不確実性が高い場合であっ

ても，最も合理的な見積りを行う必要に迫られます。不確実性の高い見積りのときには，たった1つのパターンに賭けることはプレッシャーになるものと想像できます。「会計上の見積りの開示に関する会計基準」が適用されると，感応度分析によって見積りの振れ幅を示すことができるため，こうしたプレッシャーが軽減されることもあるでしょう。

これに加えて，記述情報でこの注記を補足説明することもできます。ある程度の見積りの幅や複数のシナリオを提示できるなら，会計上の見積りで用いた金額や割合から一定の振れ幅があったとしても，財政状態や経営成績に重要な影響はない，あるいは，あっても軽微であることを伝えることができます。

このようなシミュレーションは，注記や記述情報として開示を行っていなかったとしても，これまでも社内では行ってきたものと推測されます。特に不確実性の高い見積りにあっては，楽観シナリオや悲観シナリオといった複数のパターンを試算していたはずです。もちろん，これはどのシナリオを採用すれば，財政状態や経営成績へのダメージを抑えられるかという意味ではなく，事前に複数のシナリオを想定したうえで，そのようなシナリオが実現したとしても対応できるように策を講じておくためのシミュレーションという意味です。これを開示が可能な内容で記述していくのです。

②財務諸表の利用者にとっての意義

財務諸表の作成者が感応度分析の結果を提示することによって，財務諸表の利用者が情報を得にくい中で不適切な見積りで試算する事態を防止することも期待できます。例えば，先の割引率を例にとると，感応度分析が開示されない状態で，1％の増加によって減損損失が多額に計上されると誤解された場合には，財務諸表の利用者の投資判断に影響を与えてしまいます。しかし，企業が一定の割合までの見積りの幅を感応度分析という形で示すことによって，こうした誤解を防ぐことができます。

一方，財務諸表の利用者にとっても，会計上の見積りについて複数のシナ

リオが提示されなければ，読み替えが困難です。感応度分析という形で会計上の見積りに用いた割合の幅やそのインパクトが示されることによって，財務諸表の利用者はシミュレーションがしやすくなります。

感応度分析を行う際に，金額や割合の振れ幅について，どう設定すべきかに悩むかもしれません。しかし，すでに内部管理でシミュレーションを行っているのであれば，それに応じて記述情報を作成していくことで足りると考えられます。また，こうした実務が積み上がっていくことで，一定のレンジに収斂していくことも期待できます。

あるいは，すでに開示されている他社事例から，感応度分析における振れ幅のレベル感を探ってみるのも有益です。参考として，退職給付に関する感応度分析と金融損失引当金に関する感応度分析に関する事例を紹介します。なお，金融損失引当金を設定していなくても，他の引当金に関する感応度分析のヒントが得られるものと考えています。

（4）退職給付の感応度分析

退職給付の感応度分析に関する記述情報として紹介するのは，トヨタ自動車株式会社の記載です。2019年3月期にかかる有価証券報告書における「経営者による財政状態，経営成績及びキャッシュ・フローの状況の分析」の箇所で，「(2) 経営者の視点による経営成績等の状況に関する分析・検討内容」という見出しの中の「⑪重要な会計上の見積り」に「e.退職給付費用」として記載されたものです。

この記述情報は，少なくとも2004年3月期にかかる有価証券報告書から掲載されています。本書を執筆している時点から直近の2019年3月期までに，少なくとも16年は開示し続けています。

記述情報の開示事例④ 感応度分析（退職給付）

（感応度分析）

　次の表は，退職給付引当金の見積りにあたり，トヨタが重要な見積りであると考えている加重平均の割引率と年金資産の期待収益率の仮定の変化を示したものであり，他のすべての条件は一定とみなして計算しています。

金額：百万円

	国内		海外	
	2020年3月31日に終了する1年間の利益（税効果考慮前）への影響	2019年3月31日現在の予測給付債務への影響	2020年3月31日に終了する1年間の利益（税効果考慮前）への影響	2019年3月31日現在の予測給付債務への影響
割引率				
0.5%の減少	△ 12,422	181,168	△ 13,627	151,578
0.5%の増加	10,908	△ 158,791	14,645	△ 154,892
期待収益率				
0.5%の減少	△ 8,002		△ 4,414	
0.5%の増加	8,002		4,414	

　この事例では，退職給付引当金の見積りにあたって重要な要因は，割引率と期待収益率の2つであると記述されています。そのうえで他の条件がすべて同じであった場合に，これらの要因が変化した場合に応じて，財政状態および経営成績にどの程度のインパクトを与えるかを定量的に示しています。

　こうした開示を行うにあたって，会計処理の段階から感応度分析を開示することを踏まえて，情報を収集し，また，加工できる体制が必要です。例えば，退職給付の場合には，複数の割引率に応じて退職給付債務を算定できるように準備が求められます。その算定を外部の年金数理人に依頼している場合には，依頼にあたって関連情報を提示する期日までに，複数の割引率を設定しておかなければなりません。これは決算スケジュールにも影響する場合があるため，感応度分析の実施に備えたスケジューリングをあらかじめ検討しておくとともに，関連部門と連携を図っていく必要があります。

（5）金融損失引当金の感応度分析

　こちらも，トヨタ自動車株式会社の記載になります。「⑪重要な会計上の見積り」に「b.貸倒引当金および金融損失引当金」の箇所に掲載されています。

　記述情報の開示事例⑤ 感応度分析（金融損失引当金）

（感応度分析）

　トヨタの業績に重大な影響を与える金融損失の程度は，主に損失発生の頻度，予想損失程度という２つの要素の影響を受けます。金融損失引当金は様々な仮定および要素を考慮して，少なくとも四半期ごとに評価されており，発生しうる損失を十分にカバーするかどうか判断しています。次の表は，トヨタが主として米国において金融損失引当金を見積もるにあたり，損失発生の頻度または予想損失程度の仮定の変化を示したものであり，他のすべての条件はそれぞれ一定とみなしています。金融損失引当金がトヨタの金融事業に対して与える影響は重要であり，損失発生の頻度または予想損失程度の仮定の変化に伴う金融損失引当金の変動が金融事業に与える影響を示しています。

金額：百万円

	2019年３月31日現在の金融損失引当金に与える影響
損失発生頻度 または予想損失程度の10%の変動	4,551

第5章 効果的な情報開示はここが違う

　この事例では，会社の業績に重要な影響を与える項目が金融損失だと特定しています。その金融損失は，損失発生の頻度と予想損失程度とによって影響を受けると説明しています。これら２つの要因がどのように変動するかによって，財政状態および経営成績に与える影響の程度を示しています。

　なお，これはアメリカという特定の地域における見積りと説明があります。

159

このように重要性に応じて記載する範囲を抽出する，あるいは，限定する方法があることが理解できます。

いずれにしても，決算スケジュールの中で，感応度分析を念頭に置いた作業工程を組み込んでおく必要があります。決算数値を確定した後の時点で，記述情報のためだけに感応度分析を行うことに意味がなく，また，それでは負担感だけが大きくなります。感応度分析をあらかじめ業務の中に組み込んでおくことによって，見積りの確度を検討できることが大切です。

4. 繰延税金資産の回収可能性

（1）直接的なインパクトファクター

税効果会計における会計上の見積りで重要な要因となるものに，繰延税金資産の回収可能性が挙げられます。

この繰延税金資産の回収可能性を見積る際に直接的な影響を与える要因は，将来の一時差異等加減算前課税所得です。企業会計基準適用指針第26号「繰延税金資産の回収可能性に関する適用指針」に掲げられている企業の分類が（分類3）または（分類4）に該当する場合には，この一時差異等加減算前課税所得の水準が繰延税金資産の回収可能性にあたっての財源となることから，繰延税金資産の計上額に大きな影響を与えます。一時差異等加減算前課税所得は，業績予測という見積りに大きく依存する項目であるものの，会計基準や開示制度ではこの注記を求めていません。

そうした中で，将来の課税所得に関する記述情報を紹介します。それは，野村ホールディングス株式会社の2019年3月期にかかる有価証券報告書において，「経営者による財政状態，経営成績及びキャッシュ・フローの状況の分析」の「(4) 繰延税金資産の状況」に記載されていました。

この記述情報は，2012年3月期にかかる有価証券報告書から掲載されています。本書を執筆している時点から直近の2019年3月期まで8年間にわたっ

て開示し続けています。

記述情報の開示事例⑥　繰延税金資産の回収可能性

… （略） …

3）過去5年間の課税所得および見積もりの前提とした税引前当期純利益，調整前課税所得の見込額

　当社は，日本にて連結納税制度を採用しており，野村證券を含む主要子会社は当制度に含まれております。上記1）に記載されている繰延税金資産のうち，日本の連結納税グループにおける繰延税金資産（負債）の純額は△64,701百万円となっており，野村（筆者注：野村ホールディングス株式会社およびその連結子会社を指す。）の連結財務諸表における繰延税金資産（負債）の純額の大部分を占めております。そのため，以下の記載では連結納税グループの合算数値を記載しております。

過去5年間の課税所得（繰越欠損金使用前の各年度の実績値）

（単位：百万円）

	2013年度	2014年度	2015年度	2016年度	2017年度
日本の連結納税グループ合算値	△91,847	252,152	195,472	160,769	79,397

（注）法人確定申告書上の繰越欠損金控除前の課税所得であり，その後の変動は反映しておりません。

見積もりの前提とした税引前当期純利益，調整前課税所得の見込額

　日本の連結納税グループについては，5年を課税所得見積もり期間とし，見込み税引前当期純利益合計および見込み調整前課税所得合計はそれぞれ，571,558百万円，644,695百万円となっております。

（注）下線は筆者が付した。

（2）事例の解説

　この事例におけるポイントとして，「将来の一時差異等加減算前課税所得の定量的な記述」「将来の見込み税引前当期純利益の定量的な記述」「主要な事業拠点に限定した記述」の３つを挙げることができます。

①将来の一時差異等加減算前課税所得の定量的な記述

　紹介した事例において最も大きなポイントは，将来の課税所得について具体的な金額を記載している点です。日本の会計基準や開示制度で注記が求められていないにもかかわらず，会計上の見積りに影響を与える要因として将来の一時差異等加減算前課税所得を，しかも，金額ベースで開示しているのです。この金額は，当期末現在の繰延税金資産の回収可能性にあたっての財源となるため，財務諸表の利用者にとって極めて有益な情報です。

　実務的な観点から着目したいのは，将来の一時差異等加減算前課税所得についての開示の仕方が，見積可能期間の累計額である点です。実際の決算業務では将来の見積可能期間における年度ごとに検討が行われているからといって，それをそのまま記述情報として外部に公表する必要はないのです。紹介した事例では，将来の５年間における見積金額の合計を記述しています。繰延税金資産の回収可能性の財源を示す意味では，将来の見積可能期間における各年度の一時差異等加減算前課税所得の合計額が財源に等しくなります。

　厳密にいえば（分類３）では，退職給付引当金や建物の減価償却超過額にかかる将来減算一時差異のように解消見込み年度が長期にわたる将来減算一時差異については，将来の合理的な見積可能期間を超えた期間であっても，それらの一時差異にかかる繰延税金資産の回収可能性があるものと判断できます。ただし，それは財務諸表の利用者が別途考慮すれば，繰延税金資産の回収可能性についての判断や読み替えが行えます。よって，大きな論点にはなりにくいものと考えられます。

②将来の見込み税引前当期純利益の定量的な記述

　紹介した事例の2つ目のポイントとして，将来の見込み税引前当期純利益が定量的に記述されている点が挙げられます。これも一時差異等加減算前課税所得と同様に，将来の見積可能期間の累計値として示されています。

　将来の一時差異等加減算前課税所得を見積るためには，税額計算の構造上，将来の見込み税引前当期純利益が不可欠です。この指標は中長期経営計画の中で公表されている場合があります。この場合，時の経過に従って，見込みの金額に対する実績金額の情報が得られます。こうした乖離を見込み税引前当期純利益に反映していくことで，財務諸表の利用者は一時差異等加減算前課税所得についても連動した修正が可能になります。

　このように，繰延税金資産の回収可能性を見積るにあたって最もキーとなる2つの指標が記述情報の中に開示されているため，財務諸表の利用者にとって有益な情報となっています。

③主要な事業拠点に限定した記述

　紹介した事例の3つ目のポイントに，繰延税金資産の回収可能性の見積りに関して重要な事業拠点を取り上げて記述している点が挙げられます。この事例では，連結納税制度が採用されており，また，この制度には親会社および主要な子会社が含まれていると説明されています。ここから，日本の連結納税グループについての見積りを提示できれば，財務諸表の利用者は将来の予測に役立てることが理解できます。必ずしも，すべての事業拠点に関する見積りを記述する必要はないのです。

　この事例では，日本の連結納税グループが連結財務諸表における繰延税金資産（負債）の純額の大部分を占めていることについて，具体的な金額で示しています。このように重要な拠点についての説明があれば，財務諸表の利用者としては情報価値が十分にあるのです。たとえ連結納税制度を採用していない場合であっても，重要な拠点の合計額について，このような記述が行われると，極めて有益な開示となります。

(3) 開示に向けた取り組み

　繰延税金資産の回収可能性に関する記述情報として将来の一時差異等加減算前課税所得を開示する場合，その見積りの仕方やその精度が今まで以上に問われやすくなります。こうした見積りの要素について定量的に開示していなかったときには，会計監査で監査人から見積りの精度が検討されていました。それが外部に公表することになると，将来の一時差異等加減算前課税所得の見積りが適切なのか，楽観的なのか，あるいは保守的なのかが，財務諸表の利用者からも判断されやすくなります。こうした状況を受けて中長期経営計画の見通しに関する対話も促進されるものと考えられます。

　一時差異等加減算前課税所得の見積りは，中長期経営計画における税引前当期純利益が適切に見積られている必要があります。この指標には，営業活動，投資活動，財務活動のすべてが集約されています。その中でもメインとなるのは，営業活動です。財務諸表の科目で言えば，売上高や仕入高が該当します。そのため，事業部門による販売や購買などに関わる見通しが極めて重要な位置づけとなります。

　事業部門が将来の経営環境をどのように予測しているのか，また，どのように戦略を組み立てていくのかによって，これらの科目の数値が大きく変わってくるからです。経営企画などの部門による分析や見通しが前提になるにしても，実行部隊による実現可能性の感覚も無視できません。加えて，連結ベースの中長期経営計画として考えると，重要な位置づけの連結子会社における将来見通しの精度も問われます。

　このように一時差異等加減算前課税所得の見積りにあたっては，経理部だけが頑張ればできるものではありません。中長期経営計画をより慎重に作成していく必要があるのです。したがって，そうしたことを周知，伝達するとともに，有価証券報告書提出会社の中での，また，企業グループ内での円滑なコミュニケーションも欠かせません。

5. 収益認識における見積り

（1）該当の可否

　重要な会計上の見積りに関する記述情報として，収益認識を掲げた事例があります。

　収益認識，つまり，売上高の中に重要な見積り項目が含まれている場合が該当します。反対に言えば，売上高に見積り項目が含まれないケースや見積り項目が含まれていても金額的な影響が軽微なケースでは，こうした記述情報の開示を検討する必要に迫られないでしょう。例えば，モノの売買をする事業において，モノを引き渡せばその全額が収益として認識されるような状況や，変動対価の割合が極めて少ない状況などが該当します。このような状況のときには，取引した金額がそのまま売上高として計上されるため，会計上の見積りによる影響を受けないからです。

　これに対して，収益認識の中に変動対価が含まれている場合には，記述情報として補足説明することの要否を検討することが適当です。値引きやリベート，返品などの変動対価が占める割合が大きい場合には，その見積りいかんによって損益計算書のトップラインの金額が影響を受けるため，それを説明しておくことが適切だと考えられるからです。収益認識の金額において不確実性が高い要因は何か，また，それをどのように見積っているかという情報を開示することは，財務諸表の利用者にとって有益です。

（2）事例の紹介と解説

　収益認識の見積りに関する記述情報として紹介するのは，のれんの減損に関する記述情報で紹介した株式会社NTTドコモです。同じく，2018年3月期にかかる有価証券報告書の「経営者による財政状態，経営成績及びキャッシュ・フローの状況の分析」に「(g)収益の認識」として記載されていました。

当社グループは，契約事務手数料収入等を繰り延べ，契約者の見積平均契約期間にわたって収益を認識する方針を採用しています。関連する直接費用も，契約事務手数料収入等の額を上限として，同期間にわたって繰延償却しています。収益及びサービス原価の計上額は，契約事務手数料等及び関連する直接費用，ならびに計上額算定の分母となる契約者との予想契約期間によって影響を受けます。収益及び費用の繰延を行うための契約者の予想契約期間の見積りに影響を与える要因としては，解約率，新たに導入されたまたは将来導入が予想され得る競合商品，サービス，技術などが挙げられます。現在の償却期間は，過去のトレンドの分析と当社グループの経験に基づき算定されています。

当連結会計年度及び前連結会計年度において，それぞれ383億円，342億円の契約事務手数料収入等及び関連する直接費用を計上しました。当連結会計年度末及び前連結会計年度末の繰延契約事務手数料収入等は，1,452億円及び1,265億円となっています。

（注）下線は筆者が付した。

　この事例におけるポイントとして，「見積りが含まれる旨の会計方針」「見積りの不確実性の高い要因の列挙」「実際の見積りの仕方」の3つを挙げることができます。

①見積りが含まれる旨の会計方針

　1つ目のポイントは，会計方針として見積りを含むことが記述されている点です。会計方針に，見積り期間にわたって収益を認識している旨が記述されています。これによって財務諸表の利用者は，損益計算書におけるトップラインの金額に不確実性が高い要因が含まれていることが理解できます。

②見積りの不確実性の高い要因の列挙

2つ目のポイントは，収益認識に関する見積りがどのような要因によって影響を受けているかが示されている点です。会計方針で記した見積平均契約期間が，契約者との予想契約期間によって影響を受けると説明しています。また，この見積りに影響を与える要因も具体的に列挙されています。

何を見積るのか，また，その見積りに影響を及ぼす要因は何かが具体的に示されているため，財務諸表の利用者にとって有益な情報です。

③実際の見積りの仕方

3つ目のポイントは，不確実性の高い要因に対して，どのような見積りを行っているかが示されている点です。紹介した事例では，実際にどう算定しているかについて，過去のトレンド分析や自社グループの経験に基づいていると説明されています。過去の実績に基づいていること，また，経験も加味していることから，合理的な根拠があるものと財務諸表の利用者は理解できます。

また，その結果として，この会計方針に従って収益として計上した金額と繰り越した金額について，それぞれ前期分と当期分を具体的に記載しています。見積りの過程に加えて，実績値もあわせて記述しているのです。

こうした記述情報が開示されていると，経営者としては財務諸表の利用者との対話が深まると期待できます。いちいち会計方針から説明する必要はないため，こうした説明を理解してもらえたうえでの対話が成立するのです。一方，財務諸表の利用者としても，会計上の見積りに与える要因を個々に検討していくことによって，将来の収益のトレンドを自ら判断していく材料として活用することができます。

（3）収益認識の新基準との関係

　収益認識における見積りを記述情報の対象とする場合には，財務諸表の注記との関係も検討しておく必要があります。

　企業会計基準第29号「収益認識に関する会計基準」が，2021年4月1日以後に開始する事業年度から適用されます。そこでは注記事項についても定めがあります。したがって，この注記で財務諸表の利用者への説明が足りる，すなわち，記述情報としての補足説明が不要となることも考えられます。

　しかし，収益認識の会計基準が適用される前に，記述情報の拡充を求める改正が2020年3月期から強制適用となります。ここにタイムラグがあります。つまり，売上高に重要な会計上の見積りが含まれる場合には，収益認識の注記を行う前に，有価証券報告書において記述情報として開示しなければならない状況が発生し得るのです。

　スムーズな流れを考えると，記述情報で記載した内容の一部または全部が，収益認識の注記として利用できる状態が望まれます。収益認識の注記が求められるようになった時点の前後で，財務報告として開示する内容に大きな差異が生じることがなくなるからです。したがって，記述情報として収益認識における見積りを取り上げる場合には，将来に行うであろう収益認識の注記を想定したうえで検討することが有益です。その検討にあたっては，有価証券報告書の提出会社の営業部門や企業グループの中で重要な位置づけとなる連結子会社との協議が必要になると考えられます。

　なお，収益認識の注記として参考になるのが，IFRS第15号を適用した会社の注記です。これを早期適用した会社の注記を検討することが1つの対応として考えられます。

6. 見積りの精度に言及した開示

（1）見積りの精度を検討すべき理由

　ここまで，有価証券報告書における記述情報で会計上の見積りがどのように開示されているかについて，事例とともに解説してきました。これらの記載は当期における見積りの仕方の説明がメインでした。

　しかし，見積りした項目は，やがて確定するときを迎えます。確定した時点で，見積りの金額と実績値との間に差異が生じることがあります。この差異が大きい場合には，見積りの精度が問われかねません。見積りにあたって重要な要因を失念していたのではないか，影響の少ない要因を重要視していたのではないかと，見積りの前提や仮定，方法などに見直しの余地がある状況も考えられます。場合によっては，前期以前の見積りが適切ではなかったとして訂正報告書を提出する必要に迫られる可能性もあります。

　具体的な項目としては，のれんを含む固定資産の減損における事業計画や将来キャッシュ・フロー，繰延税金資産の回収可能性の判断における将来の一時差異等加減算前課税所得の見積り，収益認識の変動対価の他にも，各種引当金や資産除去債務，関係会社株式の評価，棚卸資産の評価などが挙げられます。現在の財務諸表が見積りの塊となっているため，あらゆる項目に見積りが含まれています。経営者は，これらに対してどのように見積るかに注力するだけではなく，前回の見積りは最善だったかという点についても確定値あるいはその後に生じた事象や状況に照らして検討する必要があります。見積りをするだけで終わるのではなく，実績値との差異を踏まえた見積りの精度の検討まで行うのです。

　ここで思い出したいのは，第4章で紹介した，アメリカSECによるMD&Aに関するガイダンスです。会計上の見積りや仮定が変化するリスクの説明にあたって，過去にそれらがどれほど正確だったか，また，どれほど

変更されたかの分析が求められていました。こうしたガイダンスからも，当期に見積りを行うだけでは十分ではないことが理解できます。

(2) 事例の紹介と解説

見積りの精度に関する記述情報として紹介するのは，京セラ株式会社の記載です。それは，2019年3月期にかかる有価証券報告書における「経営者による財政状態，経営成績及びキャッシュ・フローの状況の分析」の箇所で，「(4) 重要な会計上の見積り及び見積りを伴う判断」の「g. 収益認識」に記載されていました。

この記述情報は，2010年3月期にかかる有価証券報告書から掲載されています。本書を執筆している時点から直近の2019年3月期まで10年間にわたって開示し続けています。また，2019年3月期に米国基準からIFRSへと会計基準の移行があったものの，この記述情報は継続して開示されています。

記述情報の開示事例⑧　収益認識における見積りの精度

販売奨励金について

「電子デバイス」において，各種電子部品を販売する代理店への販売については，以下の様々な販促活動が定められており，顧客との契約において約束された対価から販売奨励金を控除した金額で収益を測定しています。

(a) ストック・ローテーション・プログラムについて

ストック・ローテーション・プログラムとは，品質に問題のない在庫について，直近6ヵ月の売上高に対して特定の比率を乗じ算出される金額分を，代理店が半年毎に返品することが可能な制度です。売上高に対するストック・ローテーション・プログラムの引当金は，現時点までの

推移，現在の価格と流通量の情報，市場の特定の情報や売上情報，マーケティングやその他主要な経営手段を用いて算出した代理店の売上高に対する比率に基づき，収益認識時点で算定し，計上されており，これらの手続きには，重要な判断を必要とします。当社は，ストック・ローテーション・プログラムによる将来の返品について妥当な算定ができていると考えており，これまでの実際の結果と算定額に重要な乖離はありません。なお，製品が返品され，検収された時点で，代理店に対する売掛金を減額しています。

… （略） …

(注）下線は筆者が付した。

この事例によれば，将来の返品について見積りを行っていることが説明されています。その処理方法を記載したうえで，見積りの算定額と実際の結果との間に重要な乖離はないと明記しています。ここに，重要な会計上の見積りについて大きな乖離はなかったことまで言及しているのです。先ほどのSECのガイダンスでいえば，過去の見積りがどれほど正確であったかについての説明に該当します。

このように，どう見積ったかだけではなく，過去の見積りがどれほどの精度の高いものであったかについても言及している開示を，すでに日本の企業が行っていることが理解できます。

(3) 見積りの精度の検討方法

会計上の見積りの精度について検討することの主目的は，次回に行う見積りにあたって配慮すべき事項がないかどうかの検討になります。前回の見積りがどれほど実績に近かったのかという正確性よりも，見積りの前提や仮定を見直す余地はないかどうかの合理性を検討します。

前回の見積りと実績とを比較することによって，次回の見積りのために，

次の事項に関連する前提や仮定を洗い出します。

①新たに追加すべき事項

　経営環境の変化に伴って次回の見積りで考慮すべき事項や，前回の見積り
でも反映すべきところを失念していた事項などが挙げられます。

②考慮する必要がなくなった事項

　経営環境の変化に伴って次回の見積りから考慮する必要がなくなった事項
や，前回の見積りで反映したものの次回には不要とすべき事項，前回の実績
に含まれているものの再発しない事項などが挙げられます。

③比重を変えるべき事項

　経営環境の変化や失念などによって，前回の見積りから比重を大きくすべ
き事項や比重を少なくすべき事項が挙げられます。

　なお，ここでの検討で留意すべきは，見積りと実績との差異の合計額が，
差異を大きくさせる要因と小さくさせる要因とが相殺されたために，結果と
して少額になるケースがあることです。例えば，収益認識におけるリベート
の場合に，A商品に対する見積りは実績値を大きく下回る一方で，B商品に
対する見積りは実績値を大きく上回ったときに，見積りと実績値との差異の
方向性が相殺された結果，差異の合計額としては少額となるケースです。こ
のケースでは，A商品でもB商品でも見積りと実績とが大きく乖離している
ため，その要因分析は必要です。差異の合計額が小さいことをもって，分析
を省略することは適切ではありません。

　したがって，見積りの精度を検討するときには，見積りを行った項目の総
額ではなく，それを構成する要素に着目する必要があります。こうした検討
は，業務プロセスにあらかじめ組み込んでおくことが適当です。見積りと実
績の比較と要因分析に関する業務プロセスを有効にデザインし，かつ，運用

していくのです。この分析には，会計上の見積りの項目に関する情報が不可欠なため，財務報告に関する部門はその項目に関連した部門と連携していく必要があります。

7. 各部門の協力を得る方法

　会計上の見積りは，経理部門といった財務報告を行う部門だけで完結できるものではありません。また，ある項目に対する見積りと実績との差異を分析していくにも，その項目を担当する部門と協議が必要な局面が考えられます。例えば，収益認識における見積りなら，事業部門との協議は不可欠でしょう。また，その会計上の見積りが連結子会社にかかる項目であれば，その子会社の担当者との協議も必要になります。このように，経理部門だけで差異が生じた原因を推測していくわけにはいきません。

　このときに，「経営者の有価証券報告書」ではなく「経理部門の有価証券報告書」にとどまっている場合には，会計上の見積りの精度に関して経理部門以外の部門に分析を依頼しなければなりません。経理部門の勝手な推測で次回の見積りを進めるわけにはいかないからです。そこで，事業部門や経理部門以外の管理部門あるいは連結子会社の担当者と協議や作業を依頼する必要が生じます。

　「経理部門の有価証券報告書」という色彩が強いと，他の部門としては余計な仕事に巻き込まれる印象を持つかもしれません。「急な分析を求められた」「いきなり原因分析を提出しなければいけなくなった」「経理部門がすべき仕事に，こっちが時間をかけなければならない」といった不満不平を耳にすることもあるでしょう。このように経理部門が孤軍奮闘しているケースだからこそ，「経理部門の有価証券報告書」という状況に陥っている可能性もあります。

　このような状況で，会計上の見積りに関する記述情報を拡充していくときに，果たして従来と同じやり方で対応できるでしょうか。理論物理学者のア

ルベルト・アインシュタインが話したといわれているものに，次の言葉があります。

　　「同じことを繰り返しながら違う結果を望むこと，それを狂気という」

　つまり，これまでと別の結果を望むのであれば，従来とは異なる方法を行わないといけないのです。ここに，有価証券報告書が「経理部門の有価証券報告書」となっている会社に2つの選択肢があります。

　1つ目の選択肢は，従来と変わらないやり方を継続するものです。これまでと同様に経理部門が財務報告に関する部分をすべて引き受け，他の部門あるいはグループ会社との摩擦も我慢し，毎回，会計上の見積りについて前回との比較を踏まえて会計処理を行い，かつ，記述情報を記載していく方法です。

　2つ目の選択肢は，全社一丸となって「経営者の有価証券報告書」を作り上げていくものです。経理部門だけではなく，経営者をはじめとして事業部門や他の管理部門，グループ会社も含めて企業グループ全体として財務報告に取り組んでいく方法です。もちろん，経理部門が主導的な機能を果たすことになることが多いでしょう。しかし，それであっても，経理部門がほぼ単独の状態で有価証券報告書を作成するのに比べて，全社として取り組むことが可能になります。これを実現するための1つの方策として，「ディスクロージャー委員会」が考えられます。これについて次の章で説明していきます。

第 6 章

ディスクロージャー委員会に挑め

経営企画室

「何だよ，急に呼び出して」

「良い知らせだ。ディスクロージャー委員会を立ち上げよう」

「ディスクロージャー委員会？　何，それ」

「先週の投資家との対話で，薬師丸社長が他社の取り組みを聞いたんだ。組織横断型で開示を担当している事例があるそうだ。それがディスクロージャー委員会。これなら，俺が心配していた課題を解決できる」

「前に話していた，開示のコントロールって話か。確かに，縦割りの組織だと，開示のコントロールを持続的に行っていくのが難しいからな」

「ちょうど，来年度からの中期経営計画の活動状況を外部に報告していきたいと社長が考えていたところだったんだ。ほら，広末が，有価証券報告書と統合報告書とを一緒にしたらどうかと言っていただろ。あれだよ」

「私，すっごい良いこと，言ってる。憧れの薬師丸社長とご一緒できる！」

「そこで来年度から，ディスクロージャー委員会を立ち上げる方向で話を進めている。で，その委員長をお前が務めろ。いいな」

「俺？　まさか。小木のほうが適任だろ」

「いや，お前だ。これは，伊武部長の意向でもあるんだ」

「どういうことだ？」

「部長は，若い頃，企業の開示は全社で取り組むべきだと呼びかけたことがあったらしい。ただ，他の部門から猛烈に批判されたため，失敗に終わったそうだ。それ以来，部長は必要以上に慎重な動きになった。それを社長が気にして，この件を伊武部長に相談しに行ったんだ」

「部長にそんな過去が……」

「そういえば，部長，『組織に喧嘩を売るな』ってよく口にしてるかも」

「伊武部長は定年までの期間が長くないから，阿部がディスクロージャー委員会の委員長になると決心したなら，全力でサポートすると話していたらしい。そろそろ，覚悟を決めるときじゃないか」

「部長が？　俺が？」

「そうは言っても，ディスクロージャー委員会が何だかまだ理解していないだろうから，こっちでまとめた資料を渡しておくよ」

1. 対話を促す開示の必要性

（1）経営者の関与

　日本の金融行政が攻めのガバナンスを通じて実現したいことは，日本として最適なマネーの流れでした。攻めのガバナンスを実現していくためには，企業と投資家との対話がより促進される必要があります。その1つのきっかけとしてKAMが位置づけられていました。また，その前提として，企業による充実した情報開示も不可欠です。企業に求められるのは，財務報告を開示規定に沿って最小限の内容で開示していく姿勢ではなく，投資家との対話をより促進していく情報を充実させていく姿勢です。

　このような姿勢に切り替わっていくためには，経営者の十分な関与が必要です。有価証券報告書を例にとっても，経営者は最終承認だけを行うのではなく，作成の早い段階から開示すべき内容について検討に加わっておくべきです。このための制度的な後押しが，有価証券報告書における記述情報の充実でした。それは，経営者の視点で記述していくことが色濃く求められています。財務諸表の数値を羅列して結果を示すような記述は，財務諸表を見れば理解できるため，投資家にとって意味がありません。そうではなく，なぜ結果がこうだったのかを経営者の視点で記述していくのです。それは意図したとおりであったのか，目指すところとは違う結果であったのか，といった記述に投資家は関心があるのです。また，当期の結果を踏まえて今後どこを目指していくのか，その結果として財務数値はどうなっていくのか，こうした将来に関する経営者の視点についても説明が求められています。これらは経営そのものです。戦略であり，また，ビジョンでもあります。

　このような記述は，経理部門だけで作成すべきものではありません。そのためには全社一丸となった財務報告の体制が必要になります。全社一丸営業ならぬ「全社一丸財務報告」の体制を確立すべき状況にあるのです。

図表6-1 ◆ 全社一丸財務報告

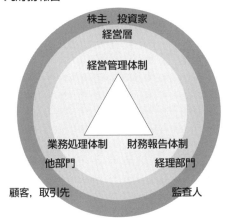

出所：筆者作成

（2）全社一丸となるべき理由

　ここで，経営者視点といいながら，なぜ全社なのかと疑問を抱くかもしれません。確かに，経営者の視点を記述情報に反映するだけなら，経営者だけが関与すれば十分です。わざわざ，経営者以外の者まで巻き込む必要はないとする見方もあるでしょう。

　しかし，個々の業務で何が行われているかに熟知しているのは，各部門です。専門性をもって実務を積み重ねているのは，現場です。記述情報として取り上げようとする内容によって，その現場は業務部門であることもあれば，経理以外の管理部門であることもあります。あるいは，連結子会社の各部門であることもあります。経営者と経理部門以外にも，こうした部門やグループ会社と連携しなければ，企業グループとしての財務報告は成立しないのです。したがって，全社一丸財務報告を行っていくためには，それを実現するための組織体制が必要となるのです。

(3) 組織体制の必要性

　財務報告に経営者が関与し，また，全社一丸となったとしても，今までと同じ組織体制，同じ業務フロー，同じ業務内容であれば，従来の「経理部門の有価証券報告書」から脱却することは困難といえます。なぜなら，企業グループの中で生成され，かつ，伝達される情報の流れが何一つ変わらないからです。

　従来とは違う「経営者の有価証券報告書」へとシフトしていくためには，そのための情報が適切に生成され，かつ，伝達される体制を企業グループの観点から確保しなければなりません。また，こうした取り組みを持続的に行っていくための仕組みが構築されていなければ，全社一丸財務報告を呼びかけたときだけの対応で終わってしまいかねません。それでは従来の「経理部門の有価証券報告書」に戻ってしまいます。

　全社一丸財務報告を実現するための方策の1つに，ディスクロージャー委員会の設置が挙げられます。このような名称とするかどうかは問わず，「経営者の有価証券報告書」の作成を実現するための機能を果たす組織体を企業グループ内に新たに設けるのです。

2. ディスクロージャー委員会

(1) 目的

　ディスクロージャー委員会は，企業グループの情報開示をより的確に行うことを目的として組成されます。情報開示によって投資家と対話を行うことを通じて，企業価値の向上を図っていくのです。まず開示があり，次に対話がある順番です。対話を実りあるものにするためには，充実した情報開示が欠かせません。

　こうした目的のためにディスクロージャー委員会を設置することは，一般

社団法人日本経済団体連合会による「企業行動憲章」に基づくものと考えられます。これは、「民主導による豊かで活力ある社会を実現するためには、企業が高い倫理観と責任感を持って行動することが必要との観点」から制定されたものです。その第3条には、公正な情報開示とステークホルダーとの建設的対話を図る旨が示されています。具体的なアクション・プランの例として、情報開示に関する方針や体制を整備するために、ディスクロージャー委員会の設置が挙げられています。ディスクロージャー委員会によって、情報開示に関するガバナンス体制を構築していくのです。

また、一般社団法人日本IR協議会は「IR行動憲章」を定めています。これは、「社会の一員として自らの企業価値を長期にわたり向上させ、健全な資本市場の発展を目指し、より進化したIRを実践するための指針として策定したもの」です。この中には、経営責務の原則として、経営トップが情報を適切に収集、開示する組織・体制を構築することが示されています。そこでも、可能な限りディスクロージャー委員会といった横断的な組織を設置することが謳われています。

これらの行動憲章から考えるに、ディスクロージャー委員会の特徴は「経営者の情報開示への関与」「情報開示のための体制構築」「横断型の組織」の3つに整理できます。

①経営者の情報開示への関与

いずれの行動憲章でも、経営者が情報開示に関与することが求められています。情報開示はどこかの部門が作成すれば足りるものではなく、経営トップが情報の生成に十分に関与したうえで開示される必要があるのです。

本書の文脈でいえば、「経理部門の有価証券報告書」ではなく、「経営者の有価証券報告書」という位置づけにならなければなりません。

②情報開示のための体制構築

財務情報や非財務情報を問わず、情報開示を実践していくためには、その

ための組織を構築することが求められます。それは，既存の部門が情報開示を主導していく体制ではなく，情報開示に関する機能を担うことを目的として設置した組織体です。

本書の文脈でいえば，財務報告に必要な情報が，漏れなく適切に生成され，かつ，組織内でより良く伝達されていくために，ディスクロージャー委員会をデザインする必要があります。

③横断型の組織

情報開示のために組成した組織が横断型であることも重要です。企業グループ内の関連する部門やグループ会社が参画していることが必要です。

本書の文脈でいえば，財務諸表を作成する経理部門はもちろんのこと，財務報告に関連する部門やグループ会社もディスクロージャー委員会の委員として加わっている必要があります。

（2）成果物の対象者

ディスクロージャー委員会が情報開示を行う媒体は，企業によって異なるものの，多岐にわたります。有価証券報告書をはじめとして決算短信や決算説明書，事業報告などが挙げられます。また，統合報告といった非財務情報の開示を担うこともあるでしょう。いずれにせよ，企業外部のさまざまなステークホルダーがディスクロージャー委員会の成果物の対象者となります。

本書の文脈でいえば，「経営者の有価証券報告書」を標榜しているため，その対象者は財務諸表の利用者，また，財務報告の利用者となります。具体的には，投資家が代表的な想定読者となります。

従来の「経理部門の有価証券報告書」では，経理部門が主導的に作成した書類を経営者が承認する関係となるため，投資家を対象者として想定しながらも，承認者である経営者を意識した面もあったのではないでしょうか。つまり，承認が得やすいように，改正事項に該当しない限りは新しい記述には挑戦しないという，内向きで消極的な姿勢です。それでは，ただただ財務数

値や事実を羅列していく記述になってしまいます。

　投資家は，企業をより深く理解したいと考えています。そのための情報開示の充実を求めています。そこでは経営者が将来をどう見ているのを知りたがっています。よって，ディスクロージャー委員会は，想定する読者が投資家であることを常に意識したうえで活動していく必要があります。

（3）活動内容

　ディスクロージャー委員会の活動内容は，企業グループの情報開示をより的確に行う目的に照らすと，主なものとして次の事項が考えられます。
- 開示すべき情報の決定
- 関連する情報の収集
- 関連する部門やグループ会社との協議（必要に応じて監査人との協議）
- 開示書類の作成
- 開示書類の検討
- 開示書類の取締役会等への説明
- 然るべき承認を得た後の開示

　このように，ディスクロージャー委員会は何を開示すべきかを検討することも活動範囲に含まれていると考えられるため，KAM対応に伴う追加開示の検討もディスクロージャー委員会が適しています。

　なお，ディスクロージャー委員会は，財務報告プロセスの重要な部分や財務報告プロセスに対する重要な統制を担っています。そのため，企業によっては，内部統制報告制度における経営者評価をディスクロージャー委員会が担っている事例があります。

（4）メンバー構成

　ディスクロージャー委員会のメンバーとしては，本書の文脈でいえば，財務報告に関連する部門やグループ会社の担当者と，この委員会の活動を推進

していく取締役が考えられます。

　委員長としては，経営者の関与が必要なため，財務報告に責任を持つ担当役員，いわゆるCFOに該当する者が多く見受けられます。もちろん，経営トップであるCEOが委員長を務めることが最適ではあるものの，それが難しい場合には要所ごとに関わりを持つことで足りる場合もあるでしょう。

　一方，委員としては，財務諸表を作成する経理部門の責任者や担当者が含まれるのは明らかです。それ以外にも，経営企画や法務や総務，IRといった財務報告に密接に関連する部門の責任者も対象となることがあります。こうした，いわゆる管理系以外にも，事業部門から参加することもあります。連結ベースでの財務報告を踏まえると，連結子会社の管理部門の，あるいは，該当するグループ企業の担当者が委員となることもあります。

　この他，ディスクロージャー委員会には，監査役等が参加しているケースがあります。モニタリングボードとして財務報告プロセスを監視する立場からの参画も有益だといえます。また，会計監査人以外の公認会計士も企業外部の専門家として選任されているケースもあります。

　このように，財務報告に必要な情報の生成と収集が可能な人員によって，ディスクロージャー委員会を組成していきます。ただし，ここで例示した者をすべてメンバーにする必要はありません。中核となるメンバーと大枠のメンバーとに区分けする方法があるからです。

　ディスクロージャー委員会が取り扱う開示情報は経営全般に及びます。守備範囲が広いため，自ずと関わる部門やグループ会社も多くなります。しかし，経理のように必ず関わる部門もあれば，例えばのれんの減損のように，特定の論点がある場合にのみ関連する部門もあるため，ディスクロージャー委員会のメンバーを固定化しにくい側面があります。そこで，常に関わりが必要な人たちは中核メンバーとして，また，必要に応じて参画を求める人たちは大枠メンバーとして運営していくのです。グループ横断型の組織として柔軟かつ適切なメンバーによって構成していきます。

（5）上場企業における導入実績

　ディスクロージャー委員会が日本の上場企業で設置されている状況について調査しました。上場企業の2018年9月期から2019年8月期までの有価証券報告書を対象として，「ディスクロージャー委員会」やそれに類するキーワードをテキスト検索した結果が，【図表6-2】です。

図表6-2 ◆ ディスクロージャー委員会の設置状況

(内訳)

委員会名	会社数	日本基準	IFRS基準	米国会計基準
ディスクロージャー委員会	10	7	3	0
開示委員会	90	66	20	4
財務報告委員会	3	3	0	0
計	103	76	23	4

出所：筆者作成

　上場企業の数を3,700社程度とした場合に，有価証券報告書にディスクロージャー委員会やそれに類似した委員会を設置していると記載した企業は，3％弱にすぎません。もちろん，こうした名称の委員会が設置されているからといって，本書で説明したような活動を行っている保証はありません。一方で，ディスクロージャー委員会とは違う名称，例えば，ガバナンス委員会や監査委員会といった組織体が，財務報告プロセスやより的確な情報開示についての検討を行っているケースもあるでしょう。したがって，この調査結果から，ディスクロージャー委員会の設置状況の実態を正確に把握できるものではありません。とはいえ，ディスクロージャー委員会の設置はまだまだ少ない状況であることは理解できます。

　なお，全社一丸財務報告を行うには，「ディスクロージャー委員会」のような情報開示の機能を専門的に担う組織体を常設していることに意味がある

と考えます。なぜなら，経理以外の部門やグループ会社に対して財務報告の意識づけを行う「場」としてディスクロージャー委員会を活用できるからです。そうした「場」を設けることなく現場の運用に任せていては，期待した結果を得られるはずもありません。適切なデザインがなくては期待どおりの運用が行われないことは，内部統制報告制度で学んでいるとおりです。すでにディスクロージャー委員会やそれに類する組織体を設置している場合であっても，ここまで説明してきた機能を果たせているかについて，今一度，検討することが有益です。

3. ダイアローグ・ディスクロージャー・ジャーニー

（1）全体像

ディスクロージャー委員会の活動のゴールは，投資家との対話を促進するような企業の情報を開示することです。このゴールに向けて活動を行っていきます。この一連の活動は，【図表6-3】のとおり，ダイアローグ・ディスクロージャー・ジャーニーとして，「関心の理解」「開示情報の決定」「素材集め」「開示情報の作成」という4つのフェーズに整理することができます。

図表6-3 ◆ ダイアローグ・ディスクロージャー・ジャーニー

出所：筆者作成

①関心の理解

　第1フェーズの「関心の理解」では，財務報告の利用者の関心がどこにあるかを理解します。投資家などの外部の利用者を意識しながら，開示情報を決定する準備を行っていきます。そもそも，情報開示とは情報の受け手に関心があるから行われます。よって，情報の受け手の関心を理解することなく開示する情報を決定できません。

　このフェーズは，「開示」「対話」「フィードバック」の3つのステップに分けられます。これらのステップにおいて，見たことを認識しない姿勢はいただけません。第1フェーズでは，対話の相手やフィードバックの内容を選り好みしないことが大切です。第2フェーズ以降の選択肢を狭めかねないからです。

②開示情報の決定

　第2フェーズの「開示情報の決定」では，企業として開示する情報を決定します。前年から引き続き開示する情報もあれば，新規に追加する情報もあります。あるいは，当期から開示をやめる情報もあるでしょう。投資家の関心を理解したうえで，企業の内部で開示情報の作成のための準備をしていきます。

　このフェーズは，「開示候補の確定」「重要性の判定」「選択」の3つのステップに分けられます。これらのステップにおいて，思ったことを言わない姿勢はいただけません。経営者やディスクロージャー委員会の思考が発言されなければ，開示情報の決定プロセスに必要な情報が共有されなくなるためです。

③素材集め

　第3フェーズの「素材集め」では，情報開示のための素材を集めます。企業の内部で開示情報の作成のための作業を行っていきます。準備もせずに開示情報を作成するのは，ライティングの観点からは適当ではありません。い

ったん開示情報を作成した後に，そこに盛り込むべき事項が見つかると，手戻りが生じるためです。記述に関連する情報をすべて揃えたうえで，必要な情報を取捨選択してはじめて記述に着手することが効果的であり，かつ，効率的であるからです。

このフェーズは，「連携」「インサイト」「理想の追求」の3つのステップに分けられます。これらのステップにおいて，言ったことを実行しない姿勢はいただけません。第2フェーズで開示する情報はこれだと決めたからこそ，第3フェーズでそれを記述するための素材を集めます。ここで開示を決めた情報に関する素材を集めないのは論外として，十分な内容を集めないことや，集めるにしても表層的な内容でとどめてしまうことがあると，第4フェーズで開示情報の作成に支障が生じるからです。

④開示情報の作成

第4フェーズの「開示情報の作成」では，開示情報を作成します。外部の利用者を意識しながら，開示情報を実際に作成していく作業です。企業として開示する情報を作成するだけではなく，監査人とのKAMについての協議，また，KAMにおける未公表情報を踏まえた企業の開示内容の検討などが必要になります。こうしたすり合わせも求められます。

このフェーズは，「プロトタイプの作成」「開示に向けた調整」「完成」の3つのステップに分けられます。これらのステップにおいて，実行したことを見ない姿勢はいただけません。例えば，開示すると決めた情報に関する素材を集める中で，自社に都合の悪い情報があるときに，それを最初から除外してしまうことが挙げられます。ゼロベースでドラフトを作成したうえで，記載の仕方を工夫していくことが適切です。

なお，これらのフェーズは実施順を想定してはいるものの，現実の活動では必ずしもこの順番どおりに進まないことも考えられます。あるフェーズからその前のフェーズに戻ることもあれば，複数のステップを同時並行的に進

行させていくこともあります。また，1つのステップに多くの時間を投入することもあれば，複数のステップを短期間で遂行していくこともあります。このように概念的なモデルであるため，このフェーズどおりにスケジュールを組み立てられるものではない点に留意が必要です。

また，こうした一連の過程において，監査人によるKAMへの対応や連携が欠かせません。また，監査役等と協議していく局面も必要になるでしょう。そこで，各フェーズの各ステップにおいてどのような内容が必要になってくるかについて，次に説明していきます。

(2) 第1フェーズ：関心の理解

①開示

第1フェーズの「関心の理解」における第1ステップは，開示です。これまで検討を重ねてきた結果を実際に外部の利用者に報告する局面となります。開示しなければ，何も始まりません。開示こそが日本における最適なマネーの流れを生み出すきっかけとなります。その開示は，過去の実績だけではなく，将来の見通しも含めて報告することが求められます。当然，経営者の将来の見通しが反映される「会計上の見積り」の記述情報も含まれます。経営者が考えていることはこうだと発信していきます。

一方，監査人は，監査報告書の中でKAMを報告します。このKAMの内容は，ディスクロージャー委員会が検討を重ねてきた結果でもあります。また，ディスクロージャー委員会による開示の内容は，監査人のKAMと連携を図ったものも含まれます。

なお，監査役等は，現行制度の下では，このステップに関係してきません。経営者は有価証券報告書で記述情報を充実させ，また，監査人は監査報告書でKAMを報告していく中で，監査役等にKAMに相当するような事項の開示は求められていないからです。イギリスのコーポレートガバナンス・コードでは，監査委員会において重要と判断した財務諸表に関連する事項とそれに対する監査委員会の対応についての開示が求められています。こうした動向

を踏まえて，今後，制度化の有無を問わずに，監査役等の視点を開示していく可能性も考えられます。

②対話

　第1フェーズの第2ステップは，対話です。経営者が，財務報告の利用者である投資家と対話を行います。すでに開示した内容について，投資家の感触を確かめていく過程となります。経営者やディスクロージャー委員会は，企業価値の向上の観点や開示の充実の観点から，対話の内容を1つ1つ吟味していきます。

　一方，監査人は，このステップにおいて経営者とディスカッションを行います。これは，財務諸表監査の監査計画を立案するために必要となる手続です。経営者がどこを目指し，また，事業活動をどう展開していこうとするかを理解することによって，財務諸表に与える影響を見極めていきます。

③フィードバック

　第1フェーズの第3ステップは，フィードバックです。経営者が投資家との対話を通じて，事業活動に関する意見や提案などのフィードバックを受けます。その中には，事業活動に関する内容だけではなく，開示すべき情報についてのフィードバックもあるでしょう。この情報をもう少し詳しく開示してほしいという要望もあれば，新規の開示を求める声もあるでしょう。その反対に，この開示は特に不要とする意見もあれば，ここまで詳細な開示にしなくてもよいという開示もあるかもしれません。このようなフィードバックによって経営者やディスクロージャー委員会が，利用者の関心についての理解を深めていくことが期待されます。

　また，こうしたフィードバックは必要に応じて監査役等や監査人に伝達することが有益です。経営者やディスクロージャー委員会は，投資家からフィードバックを受けるだけではなく，それを監査役等や監査人と共有するのです。特に，投資家からKAMに関するフィードバックを受けたときには，そ

れを監査人に伝達することが期待されています。それが次回のKAMに反映されると，投資家としては，経営者，監査人，監査役等との間で健全な議論が行われているものと認識できます。それが財務諸表への一定の信頼感にもつながります。

(3) 第2フェーズ：開示情報の決定

①開示候補の確定

　第2フェーズの「開示情報の決定」における第1ステップは，開示候補の確定です。ディスクロージャー委員会は，投資家から受けたフィードバックの内容に基づき，開示する情報の候補についての母集団を確定していきます。どのような開示の要請があったかをすべてリストアップしたうえで，開示の候補となるものと候補とならないものとの境界線を引いていきます。

　一方，監査人はこのステップにおいて，監査役等に対して監査計画の説明を行います。そこで，当期の財務諸表監査で重点とする事項を伝達します。その後に監査計画の変更がない限り，これらの事項がKAMを選ぶための母集団となります。

　KAMを選ぶための母集団は企業の追加的な開示に影響を与える可能性があるため，ディスクロージャー委員会にとっては重要な情報です。開示候補の確定にあたって，KAMを選ぶための母集団が包含されていることが網羅性の観点からは適しています。よって，監査役等と協議した事項について，ディスクロージャー委員会に適時に共有されることが望まれます。

　また，監査役等は，KAMとなり得るような重要な事項がすべて監査人に共有されているか，つまり，範囲の網羅性を検討することが有益です。加えて，KAMを選ぶための母集団から漏れている重要な事項の有無や，その母集団に含めるほどに重要ではない事項の有無について協議することが望まれます。

②重要性の判定

第2フェーズの第2ステップは，重要性の判定です。確定した開示候補のそれぞれに対して，質的な観点や金額的な観点から重要性を判定します。経営者の認識を最も表現できる開示情報を絞り込んでいくのです。経営者やディスクロージャー委員会が心の底から重要だと考える開示情報はどれかと検討していきます。

一方，監査人は，KAMを決定する第2ステップに入っていきます。監査役等と協議した事項の中から「特に注意を払った事項」を決定していくプロセスです。監査人は，KAMを選ぶための母集団から，KAM候補を絞り込んでいきます。監査役等は，この絞り込みが適当であるかどうかについて監査人と協議していくものと考えられます。このときにディスクロージャー委員会としての考えが求められる可能性があります。

③選択

第2フェーズの第3ステップは，選択です。ディスクロージャー委員会は，開示候補のうち重要性の高い事項の中から開示する情報を決定します。現実的で客観的な視点を持ちながら，重要性の高い開示候補を詳しく検討していきます。こうして開示情報が最終的に決定されます。

一方，監査人は，KAMを決定します。特に注意を払った事項からさらに「特に重要と判断した事項」を決定していきます。その結果がKAMとなります。KAMとして決定された事項に対応する手続が，ディスクロージャー委員会の開示に影響を与えることがあります。例えば，感応度分析が含まれている場合に，その結果まで企業の開示に含めるかどうかの検討が挙げられます。

（4）第3フェーズ：素材集め

①連携

第3フェーズの「素材集め」における第1ステップは，連携です。開示す

る情報が決定されると，その記述にあたって必要な事実や考え方，実施されている方法などについて情報を収集する必要があります。そのとき，開示情報に関連する部門やグループ会社との連携が欠かせません。そこで，ディスクロージャー委員会が，中立的な立場を保ちながら各拠点の実務に触れていきます。

　このとき，視野を広く持って情報を収集していくことに努める必要があります。この段階から収集する情報を絞り込んでしまうことが，一見，効率的に進められると考えるかもしれません。しかし，この後のフェーズで必要とされる素材が不足する可能性を踏まえると，初期の段階における情報の絞り込みはかえって効果が得られません。よって，各部門やグループ会社と連携する際，最初は間口を広げることが適しています。先入観や偏見を持つことなく，新鮮な視点で受け止める姿勢が求められます。

　一方，監査人は，このステップではKAMへの対応手続を実施していきます。例えば，関連部門の責任者や担当者に対する質問を行う，関連する内部統制を評価する，関連する証憑や帳票を閲覧するといった手続が行われます。したがって，監査人による監査の対応窓口となっている部門は，こうした対応手続への協力にあたっての社内展開を行うこととなります。

②インサイト

　第3フェーズの第2ステップは，インサイトです。第1ステップの連携で得た情報に対する洞察を深めていきます。第1ステップの連携の時点では，まだ本質をつく情報を得られていない可能性があるからです。

　それぞれの部門やグループ会社が保身の観点からディスクロージャー委員会に対して十分かつ適切な情報を提供しないことが考えられます。また，ディスクロージャー委員会との連携の結果，財務報告として外部に情報が公表されることを踏まえたときに，当たり障りのない表層的な情報を提供することにとどめることも考えられます。よって，ディスクロージャー委員会は，関連する拠点の人たちの立場から入手した情報を見直すことが必要となりま

の作成

ズの「開示情報の作成」における第1ステップは，プロトタイ

第3フェーズで集め切った素材に基づき，記述に必要な内容

構成を考えながら，開示情報を試作していきます。

人は，このステップでKAMのドラフトを作成していきます。

応手続を実施した結果に基づき，内容が記述されていきます。

けた調整

ーズの第2ステップは，開示に向けた調整です。開示情報のプロ

対して，期待した開示内容となっているかどうかを社内で調整し

。ディスクロージャー委員会の調整相手は，経営者はもちろんの

査役等も含まれます。必要に応じて監査人が含まれることもありま

作成した開示情報がKAMに関連する場合には，監査人との協議

なります。

監査人が作成したKAMのドラフトについても，経営者やディスク

ー委員会，また，監査役等が記述内容を検討します。その記述に未

報が含まれる場合には，それへの対応について協議していきます。こ

ディスクロージャー委員会は，組織的な価値観や常識に迎合するこ

広い視野で未公表情報の取扱いを検討することが望まれます。

役等は，企業の統治責任者としての立場からKAMのドラフトや開示

プロトタイプを検討していきます。必要に応じて，経営者やディスク

ジャー委員会に対して，追加の開示を促す役割も期待されています。

成

4フェーズの第3ステップは，完成です。ここでダイアローグ・ディス

ロージャー・ジャーニーにおける一連の過程が終了します。ここまでの協

す。本質に迫っていない事項がな⟨
別していきます。

　一方，監査人は，KAMへの対応⟨
監査意見を表明するために十分かつ通⟨
証拠が不足していると判断した場合に⟨
めの手続を実施していきます。また，⟨
た場合には，それに適した対応手続を別⟨
監査人による監査の対応窓口となってい⟨
される可能性に留意しておくべきです。

③理想の追求

　第3フェーズの第3ステップは，理想の追⟨
深めた結果，開示にあたって好ましく感じられ⟨
ともあるでしょう。この状態を開示することは⟨
をするような選択をしてしまうかもしれません。

　しかし，それではディスクロージャー委員会⟨
「経営者の有価証券報告書」という意味でも，企⟨
について経営者は把握しておく必要があり，また，⟨
です。そこで，好ましくない状態に制限されること⟨
乗り越えるような施策を打つことによって，開示す⟨
き進んでいくべきです。

　一方，監査人も同様に，想定していない事象や状況⟨
いことがあります。KAMに関連する内部統制の状況が⟨
いこともあれば，会計処理が適切に行われていないこと⟨
よって判明することもあります。財務諸表監査を実施して⟨
戦略の再検討に迫られるのです。急遽，経営者や監査役等⟨
る事態も想定されます。このとき，ディスクロージャー委⟨
有されることが適しているケースも考えられます。

①プロトタイプ⟨

　第4フェー⟨
プの作成です⟨
を選び，かつ⟨
　一方，監査⟨
KAMへの対⟨

②開示に向⟨

　第4フェ⟨
トタイプに⟨
ていきま⟨
こと，監⟨
す。特に⟨
が必要と⟨
また，⟨
ロージ⟨
公表情⟨
のとき⟨
となく⟨
　監査⟨
情報⟨
ロー⟨

③完⟨

　第⟨
ク⟨

議や検討の結果として，企業の開示や監査人のKAMで報告される内容を発信していきます。

　一方，監査人は，監査意見を表明するために，KAMも含めた審査を監査法人内部で受けます。その審査を経てはじめて監査報告書を公表することができます。仮に，審査でKAMの内容に修正を求める指摘がある場合には，改めて内容の調整が必要となる点に留意が必要です。

　なお，KAMは，当面，会社法監査には適用されずに，金融商品取引法監査でのみ適用されます。したがって，監査役等は，有価証券報告書の提出までに監査人とKAMについての最終的なコミュニケーションが求められます。しかし，監査人が特に重要と考えた事項であることや財務諸表の利用者の関心が高いことを踏まえると，内部統制監査と同様に，会社法監査の終了時点においてKAMの対応状況の中間報告を受ける実務が考えられます。その場合には，会社法監査の終了までに監査人との間でKAMの協議を概ね終了している状態が求められる可能性もあります。したがって，経営者やディスクロージャー委員会はこの点も考慮に入れながら開示のスケジュールを検討する必要があります。

　また，株主総会において，KAMそのものの質問やKAMに対する監査役等の対応が質問されることも想定されます。監査人が金融商品取引法に基づく監査報告書を提出する前にはKAMの内容について調整が済んでいると見込まれます。したがって，それを踏まえて，監査役等が株主総会での質問対応に備えておくことが適当です。

ディスクロージャー委員会

「あと1ヶ月もすれば，期末決算でバタバタしだす時期だ。有報の開示の準備は順調か？」

「はい，先週の薬師丸社長とのミーティングを踏まえて，ようやく開示内容が形になってきました。新規に追加する記述情報についても，関係部門から提出されたドラフトに対する社長チェックまで終わっています」

「小木は？」

「継続審議になっていた開示の件で，グループ会社の担当者のところへ飛んでいます。週明けには，結果を持って帰ってくる予定になっています」

「ああ，投資家との対話でフィードバックを受けた事項か。早くから検討を重ねてきたからな，そろそろ決着を付けないと」

「おお，随分とディスクロージャー委員長らしくなってきましたね〜」

「3年前に，あの伊武部長がディスクロージャー委員会の設置に動いてくれたんだ。しかも，社内の反発を押し切って，委員長の座を俺に託してな」

「ほら，私がモノマネしたとおりになったでしょ。でも，伊武部長は去年，定年退職されちゃいましたね。最後の挨拶のときに，阿部さんが号泣していたのを見逃していませんよ」

「経理部の部長まで受け継いだんだ。あの人の想いを経理部やディスクロージャー委員会に反映しないと」

「3年前までは，あれほど意気地なしだったのに。すっかり成長しちゃってさ。いじり甲斐がなくなってきたよ」

「お前は相変わらずだな。少しは成長しろよ」

「うちの会社の財務報告は成長したんだから，それでOKでしょ」

「ところでさ，全社一丸財務報告は実現しているかな」

「あれ，意気地なしに戻っちゃった？　それとも，ツッコミ待ち？」

「ふざけるんじゃない」

「えっと，真面目に言うと，ここまで各部門やグループ会社と連携できているなら，もう十分に全社一丸財務報告ですよ。何より，このページを見てください。薬師丸社長の想いをここまで報告できているんですから！」

「おい，その資料の紙も丸まってるぞ」

197

おわりに

　以前に，財務報告について衝撃を受けた経験があります。それは，プレゼンテーションに関する書籍を読んでいたときのことです。そこには，財務報告に関する海外事情について印象深い記述がありました。

　世界の名だたる企業のプレゼンテーション制作を引き受けているナンシー・デュアルテ氏は，『ザ・プレゼンテーション』（ダイヤモンド社，2012年）という書籍を発刊しています。プレゼン制作の手法を解説した本です。

　この本を読む前は，きっと紹介されているのは商品や事業をアピールするものばかりだろうと予想していました。商品のセールスに関するストーリーであったり，新規事業の支援を求めるピッチ資料であったりと，相手に何かしらの行動を呼びかけるときに，どのようにプレゼンテーションを行うべきかを説いたものだろうと。

　しかし，プレゼンテーションの事例として挙げられていた中には，決算報告もあったのです。第3四半期決算に関する事例という，上場企業のルーティンとしての決算報告が取り上げられていました。

　ここで驚いたのは，財務報告のプレゼンテーションに関するコンサルティングが海外企業で活用されている事実です。原著の"Resonate"の発売が2010年のため，今から10年以上も前から海外では，財務報告のプレゼンテーションに関するコンサルティングが成立している状況にあったのです。

　もちろん，日本にも財務報告のプレゼンテーションを強く意識している企業は存在しています。また，そのためのコンサルティングを受けている企業もあるでしょう。しかし，上場企業のすべてが，聴き手や読み手に伝わる財務報告を意識しているとは言えません。そうでなければ，本書の第1章で紹介したような，財務報告の利用者からの批判の声はあがらないからです。

伝わるための財務報告，読まれるための有価証券報告書という意識が定着していない原因のひとつに，会計処理のみに注力している状況にあると考えています。本書でいう「経理部門の有価証券報告書」では，財務報告の利用者の期待に応えることができません。

　そうした姿勢でも成立していた時代は終わりました。財務諸表が見積りの塊となった今，企業価値の向上に関連した非財務情報，つまり記述情報を充実させた財務報告が求められています。それに応えられない有価証券報告書は，財務報告の利用者にとって読むに値しない書類に成り下がってしまうのです。

　そこで，今現在，求められている財務報告，本書でいう「経営者の有価証券報告書」へとパラダイムシフトできるよう，この本を執筆しました。目指すは，財務報告の利用者との対話をより促進させる財務報告です。本書でいう「ダイアローグ・ディスクロージャー」を実践していただきたいのです。

　こうした呼びかけに対して真っ向から反対する上場企業はないでしょう。株式市場で自社株式を売買している自覚が欠如していることを露呈させる行為だからです。それでは，上場している資格がありません。

　しかしながら，現実の財務報告の開示状況を踏まえると，すべての上場企業でダイアローグ・ディスクロージャーが実践されているとはいえません。だからこそ，金融審議会のディスクロージャーワーキング・グループが報告書を通じて改善提案を行い，また，それを受けて有価証券報告書の改正が行われる事態となっています。その動向や具体的な記述への対応は，第4章と第5章で紹介したとおりです。

　ダイアローグ・ディスクロージャーが実践されない原因は，CFOがいないことに尽きると考えます。日本企業にCFOが存在していないことは，首都大学東京大学院教授の松田千恵子氏も『サステナブル経営と資本市場』（共

著，日本経済新聞出版社，2019年）の中で指摘しています。ここでのCFO
とは，単なる経理や財務の担当役員という意味合いではなく，「企業価値向
上の司令塔であり，投資家との対話の担い手であり，グループ経営のハブと
して機能する経営者としての人材」を指します。

　これに照らすと，企業価値の向上に関連した記述情報を開示し，また，財
務報告の利用者との対話をより促進させる開示を行う必要性が理解できます。
もし企業の内部からの意識変革が難しければ，外圧として監査人を活用する
こともできます。ちょうど監査制度に導入されるKAM（監査上の主要な検
討事項）について第2章と第3章で解説しました。

　意識変革の実現のためには，企業グループ内で記述情報に関連する拠点と
協業する必要があります。これは本書の第6章で提案した「全社一丸財務報
告」であり，また，それを実践するためのディスクロージャー委員会です。
こうした提案を通じて，「経営者の有価証券報告書」へとシフトすることを
促してきました。このような内容を発信することができたのは，会計監査を
はじめとしたさまざまな現場で一緒だった仲間やクライアントの方々のおか
げです。関係する皆様には，この場を借りて御礼申し上げます。

　また，拙い初稿に対して，池上由香さんや岩渕誠さん，増田和年さんの会
計士仲間からは，実務的なアドバイスやコメントを頂戴しました。本書が少
しでも読みやすくなっているとすれば，彼らが貴重なプライベートの時間を
使って協力してくれたおかげです。本当にありがとうございます。

　加えて，イラストレーターの高田真弓さんには，堅苦しい内容を和らげる
イラストを添えていただきました。本書を少しでも身近に感じていただける
のは，イラストのおかげに他なりません。ご一緒できる夢を叶えていただい
たこと，心から感謝しております。

　さらに，同文舘出版株式会社からは，本書を発刊する機会を頂戴しました。
特に編集を担当していただいた青柳裕之さんからの支援があったからこそ，
私の思うような形で出版に至ることができました。深謝申し上げます。

本書を通じて「経営者の有価証券報告書」へとパラダイムシフトし，また，KAMをきっかけとして記述情報を充実させ，さらに，全社一丸財務報告を実践するためにディスクロージャー委員会を設置することを提案してきました。こうした呼びかけを理解しようと，最後まで読んでもらえたことに感謝します。

　この本を読んだ後は，実践するのみです。その最初の一歩を踏み出すのは，あなたです。ぜひとも，ともに歩み，パラダイムシフトした世界で，開示，対話，フィードバックのサイクルを螺旋状に高めて行きましょう。

竹村純也

参考文献

Financial Reporting Council（FRC），"Extended auditor's reports – A review of experience in the first year"，March 2015

Financial Reporting Council（FRC），"Extended auditor's reports – A further review of experience"，January 2016

International Auditing and Assurance Standards Board（IAASB），"Invitation to Comment: Improving the Auditor's Report"，Jun 21, 2012

The External Reporting Board（XRB），The Financial Markets Authority（FMA），"Key audit matters – A stock-take of the first year in New Zealand"，November 2017

The Hong Kong Institute of Certified Public Accountants（CPA），"Standard Setting Revised Auditor's Reports – First year review of experience"，October 2017

The Institute of Singapore Chartered Accountants（ISCA），"Embracing Transparency, Enhancing Value – A First Year Review of the Enhanced Auditor's Report in Singapore"，2017

The Securities Commission Malaysia（SC）'s Audit Oversight Board（AOB），the Malaysian Institute of Accountants（MIA）and the Association of Chartered Certified Accountants（ACCA），"Enhanced Auditors' Report A review of first-year implementation experience in Malaysia"，2018

C・オットー・シャーマー『U理論―過去や偏見にとらわれず，本当に必要な「変化」を生み出す技術』英治出版，2010年11月

井口譲二「利用者から見たKAMへの期待」『企業会計』2018年，Vol.70 No.11

一般社団法人日本経済団体連合会「企業行動憲章 実行の手引き（第7版）」2017年11月8日

一般社団法人日本IR協議会「『IR行動憲章』基本姿勢と実行の手引」2008年12月17日

井上善弘（編著）『監査報告書の新展開』同文舘出版，2013年

甲斐幸子「監査報告に関する国際動向④ 英国財務報告評議会『長文化した監査報告書：適用初年度の経験のレビュー』」『会計・監査ジャーナル』2015年，No.719 JUN.

企業会計基準委員会「アジェンダ・ペーパー『too little, too late』の問題への対処として考えられるアプローチ（仮訳）」2017年6月

企業会計基準委員会「企業会計基準第29号　収益認識に関する会計基準」2018年3月30日

企業会計基準委員会「企業会計基準公開草案第68号 会計上の見積りの開示に関する会計基準（案）」2019年10月30日

企業会計審議会「監査基準の改訂に関する意見書」2014年2月18日

企業会計審議会「監査基準の改訂に関する意見書」2018年7月5日

企業会計審議会「監査基準の改訂に関する意見書」2019年9月3日

金融審議会ディスクロージャーワーキング・グループ 第1回議事録，2017年12月11日

金融審議会ディスクロージャーワーキング・グループ 第5回議事録，2018年4月23日

金融審議会「ディスクロージャーワーキング・グループ報告—資本市場における好循環の実現に向けて—」2018年6月28日

金融庁『「監査報告書の透明化」について』2017年6月29日

金融庁「会計監査についての情報提供の充実に関する懇談会」から公表された報告書「会計監査に関する情報提供の充実について—通常とは異なる監査意見等に係る対応を中心として—」2019年1月22日

金融庁「記述情報の開示に関する原則」「記述情報の開示の好事例集」2019年3月19日

久瑠あさ美『ジョハリの窓—人間関係がよくなる心の法則—』朝日出版社，2012年

公益社団法人日本監査役協会「役員等の構成の変化などに関する第19回インターネット・アンケート集計結果（監査役(会)設置会社版)」2019年5月24日

全国株懇連合会「企業と投資家の建設的な対話に向けて—対話促進の取組みと今後の課題—」2016年10月

高橋敦子，井上健太郎，林健一「『監査上の主要な検討事項』の導入等に関する監査基準の改訂について」『週刊経営財務』2018年，No.3371

竹村純也『M&A会計の実務』税務経理協会，2018年

日本公認会計士協会「監査基準委員会研究報告第3号 監査基準委員会報告書800及び805に係るQ&A」2014年4月4日

日本公認会計士協会「会計制度委員会 意見募集『我が国の財務諸表の表示・開示に関する検討について』」2015年4月16日

日本公認会計士協会「監査基準委員会報告書540 会計上の見積りの監査」改正2015年5月29日

日本公認会計士協会「意見募集『我が国の財務諸表の表示・開示に関する検討について』に寄せられた意見の公表について」2015年8月21日

日本公認会計士協会「監査基準委員会報告書(序) 監査基準委員会報告書の体系及び用語」最終改正2016年1月26日

日本公認会計士協会「KAM試行の取りまとめ」（企業会計審議会第39回監査部会，資料1）2017年11月17日

日本公認会計士協会，公益社団法人日本監査役協会「監査役等と監査人との連携に関する共同研究報告」最終改正2018年1月25日

日本公認会計士協会「監査基準委員会報告書701 独立監査人の監査報告書における監査上の主要な検討事項の報告」2019年2月27日

日本公認会計士協会「『監査基準の改訂に関する意見書』に対応する監査基準委員会

報告書701『独立監査人の監査報告書における監査上の主要な検討事項の報告』等の公開草案に対するコメントの概要及び対応について」2019年2月27日

日本公認会計士協会「監査基準委員会報告書200　財務諸表監査における総括的な目的」最終改正2019年6月12日

日本公認会計士協会「監査基準委員会報告書260　監査役等とのコミュニケーション」最終改正2019年6月12日

日本公認会計士協会「監査・保証実務委員会実務指針第85号　監査報告書の文例」最終改正2019年6月27日

日本公認会計士協会「監査基準委員会研究報告第6号　監査報告書に係るQ&A」2019年7月18日

朴大栄「監査報告書の展開と展望―日本の監査報告書論の展開から見た監査報告書変革の方向性―」『現代監査』2015年，No.25

林隆敏（編著），日本公認会計士協会近畿会監査会計委員会（編集協力）『監査報告の変革』中央経済社，2019年

福澤英弘氏『定量分析実践講座―ケースで学ぶ意思決定の手法』ファーストプレス，2007年

松本祥尚「監査報告のパラダイムシフト―監査人からのコミュニケーション向上の必要性―」『会計・監査ジャーナル』2014年，No.709 AUG.

松本祥尚，町田祥弘，関口智和「監査報告書の改革　第4回　追記情報」『企業会計』2014年，Vol.66 No.12

結城秀彦「KAMへの『未公表情報』の記載に係る留意点―判断基準，追加開示の促進等」『企業会計』2018年，Vol.70 No.11

【著者略歴】

竹村　純也（たけむら　じゅんや）

公認会計士。

1997年に公認会計士登録。大手監査法人も経て，2007年に仰星監査法人に入所，2009年にパートナー就任。主に上場企業に対する会計監査を行う。また，財務会計をはじめとした研修会の講師も務める。

仰星監査法人では，KAMを検討・実務展開していく専門組織「KAM分科会」の責任者として，監査法人内やクライアントへの円滑なKAM導入に取り組む。

2018年12月には，財務報告の担当者に向けたセミナー「上場企業へのKAMインパクト」によって，企業に必要となるKAM対応を説明している。また，2019年8月には，日本監査研究学会の第42回全国大会において「リスクの粒度とKAMの情報価値」の発表を通じて制度提案を行っている。さらに，同年12月には，企業の開示担当者や責任者を対象とした「有報・記述情報の勉強会」によって，財務諸表の利用者が求める開示への対応を促している。こうした活動を通じて，経営者の想いを伝えることで財務報告の利用者との対話を促す「ダイアローグ・ディスクロージャー」のあり方を探究している。

単著に，日本監査研究学会にて2013年度の監査研究奨励賞を受賞した『後発事象の実務』の他，『税効果会計における繰延税金資産の回収可能性の実務〈全面改訂版〉』（以上，中央経済社），『M&A会計の実務』（税務経理協会）など多数。

〈本書発刊後の関連情報をフォローするなら〉
■ブログ「ABCバンブー」http://junyatakemura.com/blog/
■Facebook　　　　　http://www.facebook.com/bambootakemura
■Twitter　　　　　　http://twitter.com/bambootakemura

2020年6月15日　　初版発行　　　　　　　　略称：ダイアローグ

ダイアローグ・ディスクロージャー
―KAMを利用して「経営者の有価証券報告書」へとシフトする―

著　者　Ⓒ竹　村　純　也

発行者　中　島　治　久

発行所　同文舘出版株式会社

東京都千代田区神田神保町1-41　　　　　　　　〒101-0051
電話　営業(03)3294-1801　　　　　　編集(03)3294-1803
振替 00100-8-42935　　　　　　　　http://www.dobunkan.co.jp

Printed in Japan 2020　　　　　　　　　製版：一企画
印刷・製本：三美印刷
本文・カバーイラスト：高田真弓
ISBN978-4-495-21008-3

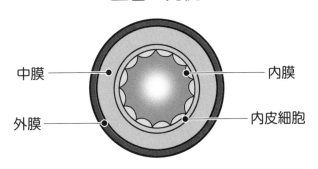

血管の内側

中膜　内膜

外膜　内皮細胞

日常生活に運動を取り入れる

リハビリ	庭掃除
炊事、洗濯などの家事	散歩
エスカレーターに乗らず階段を使う	車に乗らず、歩く
仕事中や家事の合間にストレッチをする	

血管を強くする手軽な運動2

血管は加齢とともに老化しますが、現代の日本では肉食を中心とした欧米型の食事や運動不足の生活で、血管の老化がさらに早まっているといいます。血管を強くするには、食生活の見直しのほか、マッサージやストレッチ、適度な運動などが効果的とされています。

気づいた時のマッサージ

長時間同じ姿勢でデスクワークを続けていると、血流が滞り、血栓ができやすくなります。仕事や家事の合間、テレビを見ながらなど少しの時間でもマッサージやストレッチで筋肉をほぐすことができれば、周りの血管にもしなやかさが戻ります。ふくらはぎのマッサージ、お尻や太ももストレッチでも血管は軟らかくなります。痛みを感じるほど強いのは逆効果なので、「気持ちがいい」と感じる強さで、呼吸をしながら、リラックスして行いましょう。

①ふくらはぎマッサージ

片足30秒、一日1〜2回行う

くるぶしを足にのせ、足首から上に向かってもむ

②お尻のストレッチ

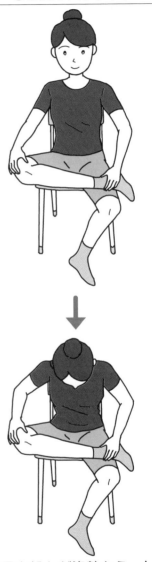

足を組んだ姿勢から、上半身をたおし、お尻の筋肉を伸ばす

③太もものストレッチ

片足を伸ばして床にかかとをつけて、お尻、太もも裏、膝裏、ふくらはぎにかけて伸ばす

血流を促す手軽な運動1

身体の血流がよくないと脳の血管も詰まりやすく、脳梗塞のリスクも高まります。血液が末端の手足にまで十分に行きわたれば、脳梗塞の再発予防にも効果が出ます。交感神経が活発に働き、過呼吸気味な現代人の血行促進には、呼吸を整え、体をリラックスさせること、ふくらはぎの筋肉を鍛えるなどの方法があります。

ふくらはぎを鍛える

ふくらはぎの筋肉には「ミルキングアクション」という血液の循環機能があります。心臓からいちばん離れた脚の筋肉を動かせば、そのポンプ効果で血液やリンパ液がスムーズに流れやすくなるのです。椅子や壁に手をついたり、座ったままでも効果があるので、仕事中でも実践しやすい運動です。

①呼吸を整えて、リラックスする

正座から背中を丸め、ひじまで床につける。腹式呼吸で5秒息を吐いて5秒止め、5秒吸う。これを4回くり返す

②座って行う「ふくらはぎエクササイズ」

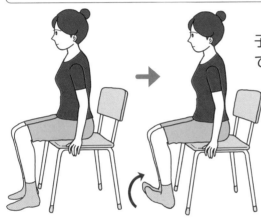

立ったままでも、椅子や机、壁につかまってもよい

①つま先を上げる
②そのままの姿勢をしばらく保つ
③つま先を静かに下ろす

③つま先立ちで行う「ふくらはぎエクササイズ」

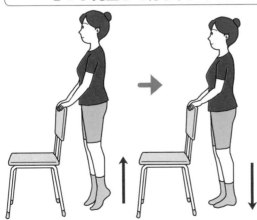

①足を肩幅くらいに開いて立つ（いすや机につかまってもよい）
②背伸びをするように両足のかかとを上げる
③そのままの姿勢をしばらく保つ
④かかとを静かに下ろす

血流を促す手軽な運動2

身体の発熱に大きな役割を果たしているのは、筋肉です。身体の筋肉の70％は下半身にあるので、血行を促進させるには下半身を鍛えることが重要になります。効率よく筋力を鍛え、血流を改善する方法として考案された運動の一つが、スクワットです。

スクワットの効果

深い呼吸をしながらゆっくりスクワットを行うことで、筋肉に刺激が伝わり、全身の血行が良くなります。血流が良くなると、酸素が体中に行きわたり、その刺激で毛細血管が新たにつくられ、さらに血流が改善されます。自律神経を整えるので、寝る前に行うとぐっすり眠れるようになる安眠効果もあるほか、腰痛、頭痛、肩こり、便秘の改善、脂肪の燃焼などの効果もあります。慣れてきたら、徐々に回数を増やしていきましょう。

①スクワット

これはダメ

腰が引けている

ひざがつま先より前に出ている

①両足を肩幅に広げ、まっすぐ前を見て、背筋を伸ばして立つ
②息を吸いながら、4秒かけてゆっくり腰を下げる。この時、ひざがつま先より前に出ないように
③息を吐きながら4秒で腰を上げる
　これを5回くり返す。息は止めないこと

②腰上げ運動

　仰向けに寝て両膝を立てる。脚を腰の幅に開く。息を吐きながら3秒で腰を上げ、息を吸いながら3秒かけて腰を下ろす。これをできれば10回くり返す。息は止めないこと

著・監修　鈩 裕和（たたら ひろかず）
島根県松江市出身
医療法人社団つくしんぼ会（東京都板橋区）理事長　医師
外来診療から訪問医療介護、さらに在宅看取りまで連続したサービスを提供できる医療
機関として「つくしんぼ会」を平成8年に設立した。日常診療では、患者に生き様、死に
様の希望をさりげなく問いかけ、実現可能な形で寄り添うスタイルをとっている。押し
付けの医療にならないよう配慮し、薬物治療に依存しないのが信条。『身近な人が脳梗
塞・脳出血になったときの介護と対策』『身近な人に介護が必要になったときの手続き
のすべて』（自由国民社）など著書・監修書多数。

医療法人社団つくしんぼ会
医師、看護師、介護職、理学療法士、ケアマネなど地域医療に必要な職種を揃え、包括的
医療介護を20年にわたり展開している。外来で診療している患者が要介護状態になっ
ても適切なサービスを受けて自宅生活を継続できるように援助している。さらに自宅
で最期を迎える方々への支援として在宅緩和ケアにも注力している。最近になって叫
ばれだした地域包括ケアのモデルケースとして注目されるようになっている。
所在地：東京都板橋区大山西町70-10

身近な人の突然死・寝たきりを防ぐ心臓と脳の正しいケア

2021年7月16日　初版第1刷発行

著・監修者　鈩 裕和
発行者　　　石井 悟
発行所　　　株式会社 自由国民社
　　　　　　〒171-0033　東京都豊島区高田3-10-11
　　　　　　電話（営業部）03-6233-0781（編集部）03-6233-0787
　　　　　　振替 00100-6-189009
　　　　　　ウェブサイト　https://www.jiyu.co.jp/
印　刷　　　大日本印刷株式会社
製　本　　　新風製本株式会社
編集協力　　株式会社耕事務所
執筆協力　　野口久美子　関みなみ
本文デザイン　石川妙子
本文イラスト　山下幸子
カバーデザイン　JK